# 일터의 하나님

목적을 갖고 매일을 살아가기

**GOD AT WORK**

Copyright ⓒ Ken Costa 2007
All rights reserved.
Originally Published by Continuum
Korean translation Copyright ⓒ 2010 by Seorosarang Publishing

# 일터의 하나님
## 목적을 갖고 매일을 살아가기

GOD AT WORK
Living every day with purpose

켄 코스타 지음 / 이은영 옮김

서로사랑

# 일터의 하나님

**1판 1쇄 발행** _ 2010년 4월 5일

**지은이** _ 켄 코스타
**옮긴이** _ 이은영

**펴낸이** _ 이상준
**펴낸곳** _ 서로사랑(알파코리아 출판 사역기관)

**편집** _ 이소연, 박미선
**영업** _ 장완철
**이메일** _ publication@alphakorea.org

**사역/행정** _ 이정자, 윤종화, 주민순, 권주희, 엄지일
**이메일** _ sarang@alphakorea.org

**등록번호** _ 제21-657-1
**등록일자** _ 1994년 10월 31일

**주소** _ 서울시 서초구 방배1동 918-3 완원빌딩 1층
**전화** _ (02)586-9211~4 **팩스** _ (02)586-9215
**홈페이지** _ www.alphakorea.org

ⓒ서로사랑 2010
ISBN _ 978-89-8471-244-7 03230

* 이 책은 서로사랑이 저작권자와의 계약에 따라 발행한 것이므로
  본사의 허락 없이는 어떠한 형태나 수단으로도 이 책의 내용을 이용하지 못합니다.
* 잘못된 책은 바꿔 드립니다.
* 가격은 뒤표지에 있습니다.

"이 책은 당신이 일하는 방식을 변화시킬 수 있다."
포레스차크 그리피스 경, 골드만삭스 인터내셔널 부회장

이 책에서 켄 코스타는 여러 가지 다양하고 대단히 책임감 있는 전문가로서의 경험을 펼쳐 보여 삶을 변화시키는 복음의 능력이 일터에서 어떻게 발휘되는지 보여 준다. 이는 예리하고 현명하며 소망으로 가득하다. 이 책에는 지혜가 담겨 있어 읽기에 즐겁고 유익하다.

로완 윌리엄스, 캔터베리 대주교

켄 코스타만큼 이 책을 쓸 만한 자격이 있는 사람은 아무도 없다. 금융계에서 최고의 위치에 있는 인물의 하나로 부상한 그는 일터에서 자신의 믿음대로 살아가고자 하는 수많은 그리스도인들에게 영감을 주어 왔다. 켄과 나는 케임브리지에서 만나 둘 다 그 대학에서 그리스도인이 되었다. 그는 지금까지 나의 가장 가까운 친구 중 한 사람이다. 그가 드디어 자신의 지혜와 경험을 출판하라는 권유를 받아들인 것이 대단히 기쁘다.

니키 검블, 런던 홀리 트리니티 브롬프톤 담임목사, 알파코스의 선구자

일터에서 사용할 지혜와 실제적인 조언으로 가득 찬 책 ― 이 책은 당신에게 영감을 주고 도전을 통해 성장하게 할 것이다.

스티브 초크, 오아시스 글로벌 페이스워크 설립자

당대의 탁월한 은행가 중 한 사람인 켄 코스타는 열정과 창조성, 리더십과 전략적 사고로 잘 알려졌고, 이런 것들이 그를 전문 직업인이 되게 하였다. 그는 또한 기독교 신앙을 지닌 사람으로 그 면모가 이 책의 거의 모든 페이지에 나타난다. 「일터의 하나님」은 야망과 돈, 관계성, 성공과 실패와 더불어 씨름했던 저자 자신의 고민을 특별하게 설명해 놓은 책이다. 믿음과 일을 한데 아우르는 것은 사업을 하는 모든 이들을 향한 도전이며, 나는 이 책이 당신의 일하는 방식을 변화시킬 것임을 추호도 믿어 의심치 않는다.

포레스차크 그리피스 경, 골드만삭스 인터내셔널 부회장

「일터의 하나님」은 오랫동안 신성한 것과 속된 것 사이에 존재하는 장벽을 무너뜨리기 위해 애써 왔다.

홀리 트리니티 브롬프톤 교회와 알파코스에서 신앙 훈련과 그리스도인으로서의 봉사에서부터 금융계의 성공에 이르기까지 폭넓은 경험을 했기에 켄은 이 주제에 대한 책을 쓸 충분한 자격이 있는 사람이다.

그리스도인은 일터에서 섬기는 사역을 잘 감당할 수 있는가? 어떻게 돈, 성공, 야망과 권력 같은 '세속적' 이상이 사랑, 정의, 긍휼, 하나님을 섬기는 기독교적 미덕과 양립할 수 있는가?

이런 문제에 대한 답을 찾는 이들이나 자본주의적이고 시장 중심적인 일터에서 어떻게 기독교 신앙이 번창할 수 있는지 궁금한 이들에게 있어 이 책은 필독서다.

아구 이루쿠, 런던 만국 예수의 집 담임목사

# 차례
# Contents

감사의 글  
Acknowledgements  10

들어가는 말  
Introduction  13

일은 중요하다  
Work Matters  29

야망과 삶의 선택들  
Ambition and Life Choices  63

힘든 결정들  
Tough Decisions  87

일과 생활의 균형  
Work-Life Balance  109

스트레스  
Stress  137

실패, 실망과 희망  
Failure, Disappointment and Hope  163

돈과 자선  
Money and Giving  189

영적 회복  
Spiritual Renewal  215

# 감사의 글
# Acknowledgements

이 책은 지상의 어떤 생명체보다 잉태된 기간이 길었다. 이 책이 마침내 인쇄소 문을 두드린 것은 오랫동안 이 글을 내게서 끌어내려고 산파 역을 하며 애쓴 많은 이들의 승리였다. 이것이 그만큼 오랜 과정을 거친 까닭에 나를 많이 도와준 사람들의 목록을 말하자면 그 자체로 책을 한 권 만들어야 될 정도다. 내가 그들의 이야기를 사용할 수 있게 해 주고, 원고를 읽고 논평을 해 주고, 자료를 점검해 주고 타이핑을 해 준 모든 이들에게 감사드린다.

다음은 내가 크게 감사하고 싶은 분들이다. 내게 처음 출판을 하라고 권유하고 비평가이자 성실한 친구로서 모범이 되고 끊임없이 나를 격려해 준 니키 검블, 문법을 봐 주고 다른 삶의 중요한 부분들을 해결해 준 니키와 실라 리, 신학적인 부분에서 도움을 준 제인 윌리엄스와 그레이엄 톰린, 존 밸런타인에게 감사한다. 신학적인 오류가 있다면 그것은 내 잘못이지만, 이들의 도움은 참으로 값진 것이었다. 특히 끊임없는 수고로 이 프로젝트를 진척시키는 데 도움을 준 웨슬리 리처드와 트리샤 닐, 마크 엘스던 듀, 또 초기부터 확신을 보여 준 로빈 베어드 스미스와 컨티넘 팀, 또 아침 식사를 하면서 내 사고 방향을 바꾸어 준 조나단 애트킨, 홀리 트리니티 브롬프톤 교회의 성도들과 임원들, 그리고 예전에 우리 교구를 담당했던 존 콜린스 목사님과 지속적으로 후원해 준 샌디 밀러, 제레미 제닝스, 줄리아 에반스와 팀 휴즈에게도 감사드린다.

이 원고를 읽을 만한 글로 다듬고 정확을 기하도록 채근해 준 조 글렌과 리지 울프의 '독재자'처럼 흔들리지 않는 자비로운 도움이 없었다면 이 책은 결코 세상에 나오지 못했을 것이다.

원고를 타이핑해 준 아내 파이의 인내심과 사랑, 조지나, 찰스, 헨리, 클로디아의 편집 작업들이 이 책이 완성되는 데 많은 영향을 미쳤다.

그리고 무엇보다 오랫동안 나를 위해 기도해 주고 격려해 주신 많은 분들에게 감사드린다.

나는 삶의 우선순위를 잊어버리고 일이 주도하는 활동의 조류에 휩쓸려 표류하기가 얼마나 쉬운지 발견한다. 다시 예수 그리스도께서 말씀하셨던 대단히 분명한 경고와 격려를 떠올린다.

"저희에게 이르시되 삼가 모든 탐심을 물리치라 사람의 생명이 그 소유의 넉넉한데 있지 아니하니라 하시고"(눅 12:15).

이 정신이 번쩍 드는 부름으로 그는 "너희는 먼저 그의 나라와 그의 의를 구하라 그리하면 이 모든 것을 너희에게 더하실"(마 6:33) 수 있다고 권면한다. 나는 이렇게 삶의 우선순위를 재정비하고자 하는 열망이 우리 인생의 최고 과제라고 생각한다.

예수님의 말씀 중에 이 질문만큼 내게 도전을 주는 것도 없는데 질문 자체가 워낙 강력해서 거의 대답이 필요 없을 정도다: "사람이 만일 온 천하를 얻고도 자기를 잃든지 빼앗기든지 하면 무엇이 유익하리요"(눅 9:25).

## 들어가는 말
Introduction

런던에서 투자 상담가로 일하는 나는 지난 30년간 매일같이 〈파이낸셜 타임즈〉와 성경을 읽어 왔다. 사람들은 내가 어떻게 은행가요, 그리스도인으로 살아가는 일을 조화시킬 수 있는지 자주 묻는다. 하나님과 사업은 서로 뒤섞일 수 없다는 것이 일반적으로 알려진 생각이다. 경쟁적이고 거센 시장의 요구는 기독교적 긍휼과 사랑의 명백한 적으로 비춰진다. 하지만 내가 발견한 것은 세상을 창조하시고 지금도 보존하시는 하나님은 바로 일터의 하나님이시라는 사실이다. 만일 기독교 신앙이 일터와 상관없다면, 다른 어떤 것과도 관련이 없게 된다.

하지만 이 믿음의 여정은 어디서 시작되었을까? 나는 명목상 기독교 국가인 남아프리카공화국에서 태어났고, 포악하고 압제적인 아파르트헤이트가 기승을 부리던 시기에 성장했다. 나는 요하네스버그에 위치한 대학의 학생연맹의 회장이 되었고, 소위 '기독교적' 인종차별주의에 대항해서 학생저항운동을 벌였다.

왜곡된 신학이 이 지독히도 악한 결말에 대해 성경의 권위를 주장했다. '분리되었지만 평등하다'는 잔인한 철학의 부당함에 나는 속에서 불이 일었다. 흑인 학생들은 대학이나 기숙사 내 출입이 금지되었고 모든 형태의 사교 활동이 제한되었다. 이런 불법이 기독교의 이름으로 자행되고 있다는 사실에 화가 나서 내 마음은 그리스도를 개인적으로 영접하는 데는 차갑게 굳어 있었다. 내가 유일하게 효과 있는 인생철학이라고 여기는 것에 동조해서 나는 기독교를 거부했는데, 그 유일한 철학이란 사람들을 참을 수 없는 인종차별제도의 잔인함으로부터 해방시켜 주는 것, 즉 마르크스의 인간관이었다.

철학과 법학 학위를 받고 나는 남아프리카를 떠났다. 대지진이 일어나 마음의 지형이 달라지지 않는 이상 그런 저항이 결코 평화라는 변화를 가져다주지 않을 거라는 사실이 내겐 분명해 보였기 때문이었다. 나는 영국의 케임브리지 대학에서 학업을 계속했다. 그곳에서 나는 캠퍼스 대상의 기독교 사역으로 삶이 바뀌었다는 학생들을 많이 만났다. 오늘날까지 그들은 나의 가장 좋은 친구들이 되어 주었다. 그들을 통해 나는 기독교 신앙의 중심에는 사고 체계가 아니라 한 사람, 예수 그리스도께서 계심을 알게 되었다. 그분의 삶과 십자가 사건, 부활이 나뿐 아니라 누구든지 발견하게 될 오직 참된 자유를 가져다주었던 것이다. 어느 날 저녁, 나는 내 방에 혼자 앉아 마가복음을 읽었다(그것이 성경 중에 제일 짧았기 때문이다). 나는 예수님이 선포하시는 말씀과 그분의 인격에 나도 모르게 끌려들어갔고 예수님 안에서 그 어떤 누구보다 '자유로운' 한 인간을 보았다. 이전에는 교회 예배에서 낭독되는 짧은 성경 구절을 들었을 뿐이었다. 한 자리에서 현대어 번역으로 복음서 전체를 읽는 것은 전기충격과도 같은 일이었다. 하나님께서 기이하게도 우리 중 한 사람이 되셨다. 나를 위해 헌신한 인간 그리스도의 모습에 나는 충격을 받았다. 그리하여 나는 계속 배워 왔지만 이제껏 무시했던 신앙을 받아들였다.

이 믿음은 하나님께서 내 인생 전부를 주관하시는지 아니면 일부만 간섭하시는 것인지에 대한 내적 고민을 겪은 뒤에 얻은 생생한 것이었다. 많은 사람들은 기독교를 상당 부분 초라한 것으로 받아들인다. 나도 그런 축이었다. 이런 갈등은 바로 내가 이후 30년을 보내게 될 시장이라는 일터에서 이끌어 낸 선명한 지배의 이미지로 다가왔다. 마치 내 인생에서 내가 차지할 몫이 있는데 하나님이 100퍼센트 이를 주관하시길 원하시는 것 같았다. 하나님과의 이런 줄다리기는 계속 이어졌다. 왜 하나님은 나의 전부를 원하셨을까? 합작투자가 가능했을까? 내게 맞는 특별 계약을 성사시킬 수 있었을까? 동업은 어떨까? 50대 50이면 괜찮은 비율 아닌가? 하지만 참된 자유는 하나님의 사랑에 완전히 굴복하는 데서 발견된다는 것은 분명했다. 이는 쉽게 얻어지지도 않았고 당장 되는 일도 아니었다. 내 수준은 그 정도였다. 하나님께서 내 인생의 51퍼센트를 차지하시길, 즉 통제하시긴 해도 완전히 주인이 되시지는 않게끔 기도했던 일이 생각난다. 그 계획대로 원했던 목표를 달성할 것 같지도 않아 보여서 내면에서는 여러 가지 생각들이 부글부글 들끓었던 기억도 난다. 그때도 알았지만 지금에 와서 더욱 완전히 알게 된 것은 하나님과 협상하려 했던 교만과 그분께 내가 뭔가 드릴 것이 있다고 믿었던 것이 얼마나 어리석었나 하는 것이었다. 이렇게 기도했던 생각이 난다: "주님, 저의 전부를 가지세요. 다만 저를 버리지만 마십시오." 그 순간 나는 온 세상을 사랑하시는 하나님께서 나 또한 사랑하시며 내가 그분께 신실치 못할지라도 그분은 언제나 내게 신실하신 주님이심을 깨달았다. 안타깝게도 내가 신실치 못할 때가 허다했지만 말이다.

그때 나를 놀라게 했던 것은 내 삶의 모든 영역에서 일어난 즉각적인 변화였다. 삶의 의미를 찾으며 내면으로 갈등하는 일은 멈추었고, 하나님과 나 자신과 평화를 누리는 일이 늘어났으며, 내 삶은 새로운 열망으로 재조정되었다. 갑자기 성경에 생명력이 넘쳤고 나는 매주 친구들 그룹과 성경을 읽었으며, 모임에 참석하는 날을 목이 빠져라 기다렸다. 이렇게 성경을 읽어 가면서 내 안에 남아 있던 변증법적 토대가 무너졌다. 성경에서 삶의 원리를 도출해 내고 기도하며 이를 친구들과 함께 토의하고 매일의 실제 상황에 이를 적용해 나가면서 말이다. 하지만 석연찮은 구석도 계속 따라다녔다. 이것이 모두 이치에 맞는 얘기일까? 아니면, 이런 경험들이 다만 수그러들어 사라지고 말 감정적인 반응이었을까? 나는 기독교의 주장이 엄정한 학문의 시험대를 견뎌낼 수 있는지 알아보기 위해 1년간 학업 기간을 연장해서 신학서적을 읽어야겠다고 결심했다. 그러면서 나는 믿음의 법칙을 배웠고, 그리스도께서 하나님이시라는 진리에 대한 압도적인 증거를 발견했다. 그 후로 나는 비록 복음서에 함축된 내용들이 많은 의문과 의심을 불러일으킨다 해도, 그 이야기의 본질적 진리 위에서 결코 흔들리지 않았다. 또한 나는 신학이 단지 설명의 도구가 아니라 세상을 더욱 잘 이해하는 데 유용하며, 그리스도인이 해야 할 일은 세상에서 하나님의 길을 발견하고 세상을 변화시키기 위해 일하는 것임을 깨달았다. 그 후로 나는 이런 도전을 만나면 늘 의욕이 샘솟았다.

대학을 떠나는 다른 많은 학생들처럼 나는 진로 선택의 가능성에 당황했는데, 이는 일의 목적에 대해 너무나 많은 선택과 의문점이 있었던 까닭이었다. 나는 법을 공부했고 늘 변호사가 될 거라고 예상했지만 점점 이것이 내 성격에 안 맞을지도 모른다고 느꼈고, 특히 내가 세부적인 일에는 의욕이 생기지 않는다는 걸 깨달았다. 하지 않을 일을 결심하고 나자 해야 할 일이 무엇인가 하는 의문이 남았다. 내가 남아프리카에서 일할 수 없었던 것은 정부의 정당성에 의문을 품고 부당한 경제적 체제에 동참하고 싶지 않은 까닭이었음을 나는 잘 알고 있었다.

이익을 추구하는 것이 이기적인 것인지, 사회에 대한 진정한 공헌인지에 대한 의문에 대답해 줄 전체적인 구조가 필요했다. 나는 신약성경에서 이기심에 대해서는 강경히 반대하지만 자기중심적인 소유 이기주의와 자기 이익은 분명히 구별한다는 것을 알게 되었다. 결국 우리는 이웃을 나 자신처럼 사랑해야 한다. 나는 민주주의적 자본주의는 그 결점에도 불구하고 공동의 선에 이바지하고 정의와 개인의 자유, 위험부담에 따르는 책임 이행 등 신약성경의 원리들을 가장 잘 반영하는 경제 체제라고 확신하게 되었다.

물론 오랫동안 나는 시장 경제에 대해 의혹을 품었다. 때때로 효율성에 대한 요구 때문에 사회의 취약 계층들이 부당하게 차별 대우를 받는 것처럼 보였다. 만일 세상이 더욱 효율적이면서 그만큼 불공평하다면 세상이 더욱더 효율적으로 돌아가는 것을 어떻게 정당화할 수 있겠는가? 세상이 수단과 방법을 가리지 않고 인정도 없이 무모하게 재정적인 보상을 추구하는 것처럼 보이는 작금의 현실이 나를 괴롭게 했다. 이런 의문은 여전히 남아 있지만 더 나은 체제를 발견하지는 못했다. 시장 경제는 충직한 하인이기도 하지만, 나쁜 주인이 되기도 한다. 이런 체제는 바로 하나님께 중요하기 때문에 모든 인간과 모든 세상의 자원이 가치를 인정받는 폭넓은 도덕적 환경에서 운영되어야 한다. 가치에 근거한 체계 없는 시장 경제는 기초가 약하다.

그러므로 오늘날 세상에서 그리스도인이 된다는 것은 편한 일이 아니다. 시장 경제가 정의와 공평이라는 기독교적 목적에 이바지하는지 늘 질문을 던지게끔 성령께서 우리를 끊임없이 채근하시면 우리는 마음에 도전을 받아 심기가 불편해진다. 우리가 할 일은 구별된 사람이 되어 시장 경제의 허다한 부분을 뒷받침하는 유대 기독교적 가치관의 증인 된 삶을 사는 것이다.

내가 직업을 선택할 때 고민했던 문제들은 이런 것이었다. 한 신학대학의 면접을 보면서 난 신학 훈련은 내 길이 아니라는 것을 깨달았다. 감독이 내게 일자리를 제안했지만 나는 마음에 평안이 없었다. 심사숙고하고 기도하며 사람들과 대화를 나누고 직업 상담소를 찾아가 보는 과정에서 금융과 보험이 가장 유력한 가능성으로 내게 떠오르기 시작했다. 그래서 나는 이 분야에서 일하는 선배 그리스도인이자 최근 졸업생이며 일터에서 믿음이 중요하다고 믿는 친구 두 사람과 대화를 나누었다. 나는 두 분야의 직장에 다 지원하기로 했다. 세 군데 은행과 보험 회사 두 곳에서 거절을 당하고 나니 보험 회사 하나와 런던에 있는 작은 투자금융회사 둘 중에 선택하는 일만 남았다. 나뿐만 아니라 장차 나와 결혼할 아내나 가족들에게까지 영향을 미치게 되는 까닭에 나는 이 선택에 책임을 느꼈다. 나는 하나님께서 내 인생에 대한 계획을 갖고 계시고 그 결정에 관여하시며 단순한 관찰자가 아니심을 알고 있다. 나는 시편 37편 5절 말씀을 암송하며 매일 하나님의 인도를 위해 기도했다: "너의 길을 여호와께 맡기라 저를 의지하면 저가 이루시고." 나는 기다렸다. 앞길을 밝혀 주는 눈부신 빛은 없었지만, 대신 은행 문을 먼저 두드려야 한다는 자각이 커졌다. 나는 여전히 근사한 국제 은행에 거절당해서 마음이 쓰렸지만, 런던에 본사를 둔 종합금융회사 일자리를 수락했다.

종합금융회사는 투자 은행의 선두주자였다. 그들은 중심가의 은행이 아니라 정부에 자문과 무역, 자본 시장 서비스를 제공하는 재정 기관이며, 주류 금융기구이자 회사였다. 잊을 수 없는 일은 미국 달러에 비해 파운드가 갑자기 내려가면서 파운드 위기가 닥치던 날 내가 일을 시작했다는 것이며, 정부와 영국 은행은 하락세를 막으려 애썼다. 그리하여 나는 금융 시장을 지배하는 불안과 공포를 목격했다. 망연자실한 한 동료가 말하길 어떤 실제적인 방안으로도 이를 피해 갈 수 없는 까닭에 공포에 질려 있는 어떤 딜러들보다 내가 받은 신앙 교육이 더 진가를 발휘할 거라고 했다. "자넨 적어도 기도는 할 수 있잖아" 하면서 말이다. 내 직장 경력은 거기서부터 시작되었다.

그 뒤 나는 일터에서 거의 빠짐없이 매일 기도했다. 하루를 시작하면서 기도할 시간을 찾으려 했지만, 회의나 여행 중에 틈틈이 기도해야 할 때도 많았다. 그리고 싶지는 않았지만, 투자 은행에서 하루 종일 업무에 시달리고 결혼해서 네 아이를 키우는 생활을 하다 보니 방해받지 않고 조용히 묵상 시간을 갖기란 쉽지 않았다. 하지만 부족하나마 이런 시간들이 일터에서 나를 준비시켜 주고 내 삶의 이유와 내가 하나님께 의지한다는 사실을 매일 생각나게 했다.

오늘날 세상에서 그리스도인으로 살아가는 것은 칼날 위를 걷는 것과 마찬가지다. 성경을 읽고 기도하고 친구에게 이야기하는 것도 모두 도움이 되지만 우리가 매일 일터에서 만나게 될 많은 딜레마에 '바로 이거다' 싶은 해답은 없다. 몇 년 전 나는 그리스도인 친구들과 소그룹으로 나미비아 사막에 짧은 휴가 여행을 갔다. 바싹 마르고 광활하며, 지독히도 황량하고 흐트러지지 않은 풍경에는 우리 모두를 매료시키는 뭔가가 있었다. 방식은 달랐지만 우리는 모두 하나님의 음성을 듣고자 했다. 우리는 함께 기도하고 예배했으며, 어느 저녁 해질 무렵, 잊지 못할 아프리카의 어둠과 적막에 둘러싸인 채 우리는 모래 위에 앉아 별빛 아래 성찬식을 거행했다. 다음 날 아침 우리는 해뜨기 전에 일어나 세상에서 가장 크고 웅장한 모래언덕의 하나를 따라 걸었다. 우리가 본 광경은 눈부셨다. 해가 떠오르자 한편에는 맑은 햇빛과 다른 쪽에는 쥐죽은 듯 섬뜩한 어둠이 공존했다. 나는 구릉 위를 걸으며 이것이 그리스도인이 세상에서 살아가는 모습임을 느꼈다. 우리는 어둠 속이 아니고, 늘 햇빛 드는 아름답고 밝은 쪽에 있지도 않지만, 늘 그늘을 멀리하고 빛을 향해 나아가도록 구릉의 좁은 골짜기를 걸으라는 부르심을 받았다.

직장에서 그리스도인의 삶은 선으로 나아가야 한다. 날마다 우리는 어둠을 피하기 위해 하나님의 임재를 느낄 수 있어야 한다. 우리는 빛을 향해 나아가기 위해 애쓰며 이 좁은 경계선을 따라 걸어간다.

일터는 만만찮은 곳이지만 하나님께서 세상을 위해 세상에서 힘을 내어 살아가도록 우리를 부르셨다는 믿음이 나를 북돋아 주었다. 이것은 경쟁적인 세상의 도전을 받아들이고 이를 통해 성장함으로써 같은 일을 하게끔 서로를 돕는 것을 뜻한다. 우리는 우연이 아니라 하나님의 계획으로 세상에 존재한다는 것을 알고 나는 힘든 날들을 이겨내 왔다.

지난 30년 동안 일터에서 그리스도인이 된다는 것은 다소 더 어려워졌다. 부분적으로 이것은 우리를 둘러싼 세상의 전반적 불안에 대한 반응이며, 어떤 그리스도인도 여기에는 예외가 없다. 금융 시장은 점점 변동이 심해지고 결정도 더욱 복잡해졌으며 명쾌한 선택은 거의 없다. 경제적 필요가 점점 더 커지면서 일터에서 불가피해 보이는 힘든 타협이 절실히 필요해졌다.

일터는 믿음이 불명확하고 시련이 많은 현대 상업과 매일 맞부딪혀 연마되고 시험되는 표층이다. 우리가 함께 일할 사람들을 선택할 수 없기에 일터에서 우리의 연약함을 깨닫고 업무 관계에서 어디가 강하고 약한지 배워 나가는 가운데 우리의 믿음은 단련된다. 우리는 시련을 겪고 연단되며 동료들과의 상호작용에서도 성급하거나 친절하고, 또는 우리 자신의 이기심을 공동의 선보다 앞

세우거나, 감사를 잊고 날마다 격한 일에 완전히 파묻혀 하나님을 잃어버리거나 한다. 우리는 모두 그 어디쯤에 처해 있다.

혹자는 믿음 덕분에 우리가 잘못된 선택을 하지 않게 된다고 생각한다. 나도 그랬으면 좋겠다. 하나님은 우리가 약점을 통해 성장하게 하시며, 항상 지속되는 유혹에 질 때 회복될 수 있는 영적인 자원을 주신다. 위선의 죄가 가장 상처가 크다. 다른 이들은 당연히 일터에서 믿음을 지키는 사람들은 그런 가치를 지속적으로 행하리라 기대하지만 늘 그렇지는 못하다. 다른 사람의 비판 중에 가장 힘들었던 것은 이런 약점을 우리 모두가 공통적으로 지닌다는 사실을 전혀 고려하지 않는 것이었다. 하지만 나는 날마다 도움이 되고 격려가 되는 신자들과의 교제뿐 아니라 비판적이고 늘 도움이 되지는 않는 동료들의 반응도 감사하게 되었다. 이런 여러 가지가 한데 어울려 우리가 예정대로 원만하고 잘 적응하는 사람들로 성장한다고 나는 믿는다. 누구도 갑자기 미덕의 본보기가 되지는 않는다. 일터에서의 삶은 과정의 일부이자 배움의 경험이다. 우리의 믿음이 성장하는 데 가장 큰 장애물은 가르침을 받는 것을 멈추는 것이다.

대체로 나는 일을 대단히 즐기는 특권을 누렸다. 세계에서 가장 큰 에너지 회사의 전 공동 창업주이자 최고 경영자인 데니스 배크는 그가 쓴 책 「직장의 기쁨」이라는 책에서 성실, 공정, 사회적 의무라는 흔한 의무에 '즐거움'이라는 핵심 가치를 덧붙이게 된 과정을 이야기한다. 그의 기독교 신앙이 이런 관점을 낳게 했다: '직장에서의 즐거움은 사람들이 독재적인 상사나 간부들에게 부대끼거나 휘둘리지 않고 사회의 유익을 위해 자신의 재능과 기술을 자유롭게 사용할 수 있게 한다.' 많은 사람들이 이런 즐거움의 요소 없이 일한다. 이 책의 목적 한 가지는 이를 회복할 방법을 탐구하는 것이다.

하지만 직장에서 우울한 기분이 떨쳐지지 않는 것 같을 때도 있다. 그 원인이 고질적일 때도 많지만 그런 기분은 실패한 거래, 실망스런 급여 평가, 언짢은 관계들, 미래에 대한 두려움 등 뜻밖의 계기로 발생한다. 이런 시련의 시기는 모든 사람에게 닥쳐온다. 하지만 이것은 하나님께서 영광 받으실 기회다. 바울은 "내가 약한 그 때에 강함이라"(고후 12:10) 하고 말했다. 나는 연약함의 목적이 하나님을 의뢰하는 능력임을 기억하지 못한다면 일터에서 이를 드러내기는 쉽지 않음을 알게 되었다.

어떤 그리스도인도 세상에 대해 죽는다는 진리를 직접 깨달을 때까지는 진정한 어른이 되지 못한다. 바울은 갈라디아 교인들에게 편지를 쓰면서 "내가 그리스도와 함께 십자가에 못 박혔나니 그런즉 이제는 내가 사는 것이 아니요 오직 내 안에 그리스도께서 사시는 것이라 이제 내가 육체 가운데 사는 것은 나를 사랑하사 나를 위하여 자기 자신을 버리신 하나님의 아들을 믿는 믿음 안에서 사는 것이라"(갈 2:20)고 한다. 내가 이런 통과의례를 거친 것은 오랫동안 일터에서 삶의 목적이 무엇인가에 대해 끊임없이 숙고한 후였다. 처음에는 내가 하고 있는 일이 하나님께 중요한 것이라는 확신이 없었다. 어느 날 점심 시간에 영국 은행으로 향한 길을 걸어 내려갔던 기억이 난다. 내 앞으로는 성채같이 펼쳐진 영국 은행이, 왼쪽으로는 (나중에 내가 일하게 된) 스위스 은행 회사의 표지판이 보였다. 이 표지판들로부터 안전의 느낌이 뿜어져 나왔던 기억이 난다. 하지만 그때 나는 섬광처럼 진실을 보았다. 스위스 은행이든 영국 은행이든 어떤 은행도 약속된 그리스도의 재림 때까지 살아남지는 못할 거라는 사실이었다. 아무리 튼튼해 보여도 눈에 보이는 이들의 안정감은 일순간에 깨어지고 말 것이다.

그 순간 나는 '직업적 안정'이라는 개념의 허구적 특성을 깨달았다. 참된 안정은 현세나 내세에서나 모두 안전에 대한 하나님의 약속 가운데서만 발견된다. 나는 그리스도께서 모든 인생을 주관하심을 알았다. 십자가에 돌아가신 그리스도께서 내 인생에서 가장 강력한 존재의 지배력을 깨뜨리셨다. 나는 그리스도와 함께 죽고 이제 그분 안에 새로운 삶을 살고 있음을 알았다. 나는 강박적인 욕심, 거짓된 경제적 안전과 삶의 의미에 대한 환상에서 벗어나 자유롭게 걸어 나갈 수 있었다. 이것은 유혹이 그쳤다는 뜻도 아니고 내가 잘못된 선택을 하지 않았다는 뜻도 아니다. 하지만 이는 세상에 속박될 수밖에 없는 필연성이 깨어졌음을 의미했다.

일터에서 사랑이 피어날 수 있을까? 이런 생각이 위축되는 것은 단순한 성적 접촉을 묘사하는 데 '사랑'이라는 단어가 변질되어 사용될 뿐 아니라, 이것이 성공하는 조직을 구성하는 물질적 가치가 아닌 '정신적 가치'로 생각되기 때문이다. 물론 사업 세계의 경쟁적인 경향은 사랑을 장외로 밀어냈다. 하지만 사랑이 믿음의 중심이고 우리가 사랑으로 널리 알려져야 한다면, 어떻게 일터에서 사랑을 배제하겠는가? 사랑은 서비스의 근간이 되는 동기다. 조직에서는 종종 고객들에게 훌륭한 서비스를 제공하는 것이 직원들의 내적 태도와는 어떤 연관도 없다고 믿는 실수를 저지른다. 하지만 사실은 그 반대다. 훌륭한 내적 태도가 있으면 외적인 서비스도 풍성해진다.

데니스 바케는 자신의 책에서 그 사실을 이렇게 설명한다.

> 우리 조직 속의 모든 사람을 우리가 존경심과 품위를 갖고 대할 수 있게 해 주는 것이 바로 사랑이다. 사랑은 다른 이들을 돕도록 사람들을 세계 곳곳으로 보낸다. 사랑은 사람들이 더욱 위대한 목적을 지니고 일할 수 있게 영감을 불어넣고 … 사랑은 내 생각을 비웃고 내게 고통을 안겨 준 사람들을 용서할 수 있게 한다.
>
> 사랑은 다른 사람을 향한 것이기에 나를 비난하는 이들의 말이 옳고 내가 틀렸을 수도 있다고 생각하게 한다. 만일 내가 틀렸다 해도, 사랑은 내가 그렇게 내 생각을 강하게 밀어붙인 것을 내 비방자들이 용서할 수 있게 해 준다. 나

는 기쁨이 넘치는 일터의 가장 결정적인 요소는 사랑이라고 믿어 왔다. 심지어 가장 공격적인 경제적 목표에서도 사랑은 온전히 일관된 모습을 보인다.

내게는 사랑이 현대의 일터에서 중요한 믿음의 유산이자 잃어버린 행복의 보석으로 여겨진다. 바라기는 이 책이 직장에서 사랑의 가치와 능력을 회복시키는 데 다소간 도움이 되었으면 한다.

현재 내가 하는 일은 주요 고객들과 관계를 형성하는 임무를 포함한다. 나는 그들의 전략에 대해 조언하고 그들을 도와 회사를 매각하며 때론 원치 않는 약탈자로부터 그들을 보호한다. 나와 당신은 서로 경험이 다를지도 모른다. 하지만 나와는 대단히 다른 직업의 사람들과 오랫동안 대화하면서 나는 모든 그리스도인들이 지닌 근본 문제들은 다 비슷하다는 것을 알게 되었다. 많은 사람들이 자신들의 각 직장 생활에서 내게 일과 영성에 대한 질문을 해 왔다. 나는 특히 방금 직업 전선에 뛰어든 20대와 일터에서 자신의 역할에 대한 의문을 안고 있는 사람들의 질문에 도전받았다. 책을 쓰기 시작하면서 마지못해 고백하자면, 나 자신에 대해 얘기하는 것이 쉽지 않았다. 나는 다만 내가 일터에서 힘들고 기뻤던 경험을 통해 독자들이 일터에 함께하시는 하나님을 바라보며 그분이 나를 도우셨듯이 당신을 도우시기를 바랄 뿐이다. 이 책은 이미 일터에서 자신의 기독교 신앙으로 생활하는 흥미진진한 도전에 돌입한 사람들을 위한 것이다. 또 자신이 기독교에 호의적이긴 하지만, 동참하지는 않는다고 얘기하며 인생의 더 큰 의문을 탐구하는 사람들을 위한 책이다.

일은 중요하다
# Work Matters

# Work Matters

　많은 그리스도인들이 하나님을 하루 24시간, 일주일의 창조주로 보지 않는다. 대신 그분은 관객이 줄어드는 일요일 쇼에 갇힌 퇴물 배우가 되어 버렸다. 일하는 믿음은 종종 모순된 관념으로 보인다. 일하는 공장을 갖는 것만큼이나 일하는 믿음을 갖는다는 것은 많은 이들에게 기이해 보인다. 이는 잠시 지나가는 골동품 수집 취미로 현대 경제에서는 거의 유용하지 않다. 하지만 직업 세계는 21세기 기독교 영성의 흐름이 아니라 사회의 큰 흐름에 속한다. 그것이 원래 하나님이 뜻하신 바다. 우리의 일이 하나님께 귀중하다는 것을 안다면 우리 일터에 믿음도 함께할 것이다.

### 일터의 하나님

　우리의 노동 패러다임은 하나님의 창조 주도권과 삼위일체에 대한 이해에서 발견된다. 하나님께서 창조할 때 일하신 것처럼 그분은 우리가 마찬가지로 일하기를 기대하신다. 사실 서로 섬김을 바탕으로 이 땅 위에 공동체를 세우며 창조 질서의 청지기로 행동하라는 명령을 하나님이 우리에게 내리셨기에 창조와 일은 연관된다. 섬김이 하나님의 성품 가운데 깊이 배어 있는 까닭에 일도 하나님의 깊은 성품이 된다. 성경의 하나님은 수동적이고 초연한 영적 존재가 아니라 역동적이고 적극적이며 전문적인 경영자시다. 일은 무엇보다 하나님의 생각이므로 그분께는 중요하다. 그분은 성부, 성자, 성령의 천국 교제 속에서 완성을 향해 일하시며 그분이 보신 것을 이 땅에서도 나누기 원하셨다. 하나님은 이 땅에 있는 우리들에게도 삼위일체 안에서 즐기신 나눔과 섬김, 협력과 동역의 마음을 창조하고자 하셨다. 우리는 하나님의 형상으로 지음 받았다. 어떤 의미에서 우리는 부전자전, 아버지를 꼭 닮았다. 성부 하나님은 성자 하나님이 필요하고 성자 하나님은 성부 하나님께 순종하며 성령 하나님은 사랑으로 모두를 연결한다. 이러한 삼위일체 하나님의 상호의존은 조화와 협력이자 동시에 구성원의 서로 다른 역할을 존중하는 모습이다.

 하나님은 세상과 동물, 그리고 가장 중요하게는 인간의 생명을 만드시는 창조를 위해 특별히 힘을 다해 일하셨다. 그분은 정확한 시간을 향해 전력을 다해 일하셨다. 창세기 1장에서 우리는 하늘과 땅을 만드신 그분의 창조 활동을 읽는다. 매일 일이 끝난 후 그분은 사역의 각 단계를 돌이켜 잘되었는지 살펴보며 최고의 보상을 받고 모든 경영자들의 마음에 이를 불어넣으셨다(창 1:4). 더욱이 생명은 일회성으로 만들어진 것이 아니었다. 그분은 생물들을 축복하시고 그들에게 생육하고 땅과 바다에 번성하라고 명령하셨다(창 1:22). 우선 그분은 사람들을 창조하시고 그들에게 돌보고 지키는 권위를 위임하고 에덴동산을 개간하여 '경작하며 지키게 하라'(창 2:15)는 구체적인 명령을 내리셨다. 비록 그분이 일을 하시는 단계마다 흡족해 하셨지만, 그분은 일이 만족스럽게 완성될 때까지 멈추지 않으셨다(창 2장). 그런 다음 그분은 잠시 멈추시고 '그 창조하시며 만드시던 모든 일을 마치시고 그 날에 안식하셨다'(창 2:3). 그분은 창조의 올바른 질서를 세우려는 목적으로 일하셨다.

아담과 하와는 자신들의 일을 하며 하나님을 섬길 때 인간으로서의 성취감을 경험했으며, 이는 최대한 하나님의 목적과 밀접한 관련이 있다. 일터에서의 즐거움과 자유, 행복은 하나님의 신성에 깊이 스며든 미덕을 반영하며 인간성은 그 형상에 따라 형성되었다. 그래서 아담과 하와가 하나님으로부터 분리되었을 때, 그들은 고단한 일에 힘들게 적응해야 했다. 황폐와 절망, 비난, 깨어진 관계, 나아가 결정적으로 죽음이 세상과 일터에 들어왔다. 일은 저주가 되어 버렸고(창 3:17~19), 모든 창조 질서는 하나님과의 협력에서 떨어져 나갔다. 땅은 저주를 받았고, 노동은 '고통스럽고' 끝없이 계속되는 것이 되어 버렸다. 이마에서 땀을 흘려 생계를 꾸려야 했다.

하지만 창조주는 일을 원래 모습으로 회복시키기를 전심으로 원하셨다. 부서진 형상이 다시 일하게 되려면 새로운 주도적 동기가 필요했다. 예수님은 우리와 하나님 사이에서 깨어진 일을 회복하기 위해 보냄 받으셨다. 그분은 열심히 일해도 소용없게 만드는 빚을 청산하기 위해 오셨다.

**일 – 성취인가, 헛수고인가?**

일은 이제 성취와 무익한 수고 사이의 긴장 속에 존재한다. 한편으로 우리는 일터에서 하나님이 함께하시며, 창조하고 혁신하며, 우리를 에너지로 충만케 하심을 안다. 우리는 많은 방식으로 그분이 활동하시는 증거를 보며, 그러는 가운데 일터에서 활성화되고 성취를 통해 만족을 느낀다. 한편 우리는 일의 무익함과 방향의 부재, 일을 끝내려는 분투, 미래에 대한 두려움, 목적과 방향의 결핍이 뭔지를 안다. 그럴 때 우리는 직장에서 어떻게 살아야 할까? 우리가 하나님의 가치를 일의 세계로 끌어와 하나님이 주신 바를 활용해서 목적이 이끄는 삶과 무익함 사이에서 흔들리지 않을 때 우리의 일은 최고의 상태로 우리와 하나님 사이의 친밀한 협력관계를 나타내는 본보기가 된다. 우리는 부활의 능력 속에서 살고 일하며, 부활을 통해 죽음과 궁극적인 무상함이 정복된다. 그리스도인의 일은 섬김으로 가장 잘 이해되며 죽음을 넘어서 지속된다. 우리가 이 땅에서 일하는 것처럼 우리는 영원 속에서도 그럴 것이다. 일의 기원은 타락 이전으로 거슬러 올라간다. 일은 인류를 위한 하나님의 원 계획의 일부였다. 그러므로 하나님은 새로운 창조를 하실 때 피조물을 최선의 상태로 유지하실 것이다.

우리의 삶을 최대로 활용하기 위해서는 하나님이 일터에서 우리를 향해 품으신 뜻을 분명히 보아야 한다. 그것은 주님과 공동체를 섬기고 주어진 분량의 성공을 즐기며 성품이 성장하고 예수께서 오시기를 기다리며 영원토록 세상에 영향을 미치기 위해서다. 이는 단지 우리가 죽은 후에 천국에 가기 위해 살아 있을 동안 행적을 기록하는 그런 것이 아니다. 영생은 우리가 파괴된 일의 이미지를 회복하는 데 참여함으로써 그분의 본래 의도를 반영하고 하나님을 위해 훌륭한 삶을 영위하는 이곳에서 시작된다.

### 함께 일하기

바울은 그리스도인 공동체를 묘사하는 데 몸의 은유를 사용한다. 직장에서의 프로젝트 팀도 마찬가지다. 몸의 각 부분이 꼭 필요한 기능을 수행하는 것처럼, 팀의 각 구성원도 이와 마찬가지로 귀중한 존재다. 프로젝트에서 회계를 맡은 사람은 좋은 결과를 이루어 내는 데 마케팅 담당자만큼 중요한 존재다. 성공적인 결과를 위해 일할 때 프로젝트의 지도자는 하급 실무자들을 투입하지 않으면 일이 마비된다. 다른 기능들을 인정해 주는 방법들을 찾고,

차이점을 존중하면서도 결과를 산출하기 위해 함께 결속하는 것은 우리의 창조에 하나님이 주신 근원을 반영하는 까닭에 아주 풍성한 경험이다.

예수 그리스도께서 재림하실 때까지는 일이 완벽해지지 않겠지만 그때까지는 성령의 능력을 힘입어 목적과 방향을 갖고 즐겁게 살아가고 일할 수 있다. 물론 지금 당장은 불완전한 상태에 만족해야 하겠지만 말이다.

## 내 작업실이 곧 예배실이다

우리가 일의 목적에 대해 논의할 때, 한번은 새로운 훈련생이 내게 말했다.

> 현실을 직면합시다. 우리는 돈을 벌려고, 우리 스스로 즐기면서 살아가기 위해 일하죠. 일에 모든 걸 쏟아 부어야 한다 해도 삶은 견딜 만해요. 그게 뭐 그렇게 잘못인가요?

그렇다면 우리는 왜 일하는가? 일하는 것에는 많은 성경적 이유가 있다. 경제적으로는 부를 창출하기 위해서, 또 재정적으로는 스스로 생계를 유지하고 가족을 부양하기 위해, 개인적으로는 성취와 의미를 경험하기 위해, 사회적으로는 다른 사람에게 짐이 되는 걸 피하기 위해, 관계적으로는 공동의 협력을 통해 다른 사람들을 지지하기 위해서다. 하나님은 사회 전체의 행복에 관심이 있으시다. 그래서 예배에 대한 질문을 받을 때 나는 확실히 대답한다: "제 작업실이 제 예배실입니다." 우리가 그분께 의존하는 것을 인정하기에 예배는 우리의 전 인격으로 하나님의 영광에 철저히 복종하는 것이다. 그러므로 내 책상은 예배의 장소가 된다. 사실 히브리어에서 일과 예배는 같은 '아보다'(avodah)라는 단어다. 하나님은 우리의 진정한 고용주이시다. 골로새인들에게 보내는 편지에서 바울은 우리에게 이렇게 촉구한다: "무슨 일을 하든지 마음을 다하여 주께 하듯하고 사람에게 하듯하지 말라"(골 3:23). 한 개인 비서는 내게 매일 아침 접수 테이블을 지나쳐 일하러 갈 때 이런 생각을 떠올린다고 말했다: "내가 봉사하는 분은 우리 주 그리스도시다." 이런 생각은 대충 일하는 것에 만족하고 안주하는 위험을 피하게 해 준다. 나는 매일 아침 업무를 시작할 때 기도하려고 한다. 내가 나 자신이나 어떤 경제 제도를 의존하지 않고 하나님을 의지한다는 사실을 일깨우고 싶어서다. 일이란 하나님의 능력을 힘입어 우리 자신과 다른 사람들의 유익을 위해, 또 궁극적으로 그분의 영광을 위해서 하는 사역이다.

나는 일터에서 다른 사람의 시선을 통해 성경 읽기를 좋아한다. 우리가 배움을 얻을 수 있는 인물들이 많은데 그들은 평범한 직업을 가진 평범한 사람들이었다. 예를 들자면, 바울은 장막 제조업자로 수공업에 종사했으며, 분명 다른 사람들도 그렇게 일하기를 기대했다. 그는 데살로니가인들에게 편지를 쓰면서 이렇게 말했다: "… 너희 손으로 일하기를 힘쓰라 이는 외인을 대하여 단정히 행하고 또한 아무 궁핍함이 없게 하려 함이라"(살전 4:11하~12). 아브라함은 부유한 가축상이었고, 요셉은 총리로 일했지만, 또 밀의 수확을 관리하기도 했다. 누가는 의사였으며, 에티오피아의 첫 회심자는 중앙 은행장이었고, 도르가는 의류업에 종사했다. 루디아는 여성 사업가였고 고넬료는 군대 장관이었으며, 제혁업자였던 시몬은 그 시대의 루이 뷔통이었다. 예수님 자신도 목수의 일을 배우며 성장하셨다.

청년이셨던 예수님은 동시대의 많은 사람들처럼 아마 요셉이 하던 가업을 통해 제조 기술과 사람을 대하는 기술을 배웠을 것이다. 우리는 예수님이 목재와 못을 구입하고 창문이나 문짝을 만들며 값을 흥정하고 물건을 파는 모습을 쉽게 상상할 수 있다. 이렇게 숨은 세월 동안 예수님은 나사렛 사회의 단면과 접촉해야 했다. 이는 포도원의 일꾼들, 세리들과의 접촉, 대리인에 대한 대우와 돈, 가축, 재산에 대한 논의 등 예수님의 가르침에 반영되었다. 우리는 예수님이 전적으로 아버지의 일에 자신을 맞추셨다는 것을 안다: "예수께서 저희에게 이르시되 내 아버지께서 이제까지 일하시니 나도 일한다 하시매"(요 5:17). 그분은 세상과 단절된 새로운 형태의 영적 생활을 우리에게 부여하러 오신 것이 아니었다.

그분은 성부께서 시작하신 일과 섬김의 형태를 회복하고 지속시키려 오셨다.

그리고 이제 그분의 영을 통해 우리는 일이란 본래 하나님의 숨결이 스며든 섬김의 안내서임을 기억한다.

### 거룩한 일 - 주교와 은행가

성경을 영어로 번역한 윌리엄 틴들은 「사악한 맘몬의 우화」에서 이렇게 말했다.

> 하나님을 기쁘시게 하는 데 일보다 나은 것은 없다. 물을 붓고 접시를 씻고, 구두장이가 되거나 사도가 되는 것은 모두 하나. 접시를 씻는 일과 설교하는 일도 한 가지다. 이것이 일하는 것이 하나님을 기쁘시게 하는 까닭이다.

이런 생각을 회복해야 할 뿐 아니라 우리 스스로 하나님이 보시기에 주교가 은행가보다 앞서고 임명받은 성직자가 컴퓨터 프로그래머보다 앞서는 등의 종교적 서열이 있다는 관점은 버려야 한다. 교회 역사에서 성직자들, 즉 임명받은 사역자들과 다른 직업을 지닌 세속인들 사이의 구별만큼 위험천만한 것은 없을 것이다. 이런 구별은 오랜 뿌리를 지닌 것으로 성직 계급의 중세적 추앙으로 복귀하는 것이며, 하나님과 평범한 일상생활의 연결이 진보와 이성의 이름으로 단절된 시기까지 거슬러 올라간다. 성직자 중심주의는 다른 모든 사람들의 권리를 빼앗음으로써 교육받은 성직자 계급만이 기독교의 유일한 대표가 되게 했다. 하지만 바울은 힘든 영적 노동과 일터에서의 영적 노동을 전혀 구별하지 않았다. 그는 손으로 하는 노동에 쓰는 동일한 단어를 그의 사도적 봉사직에 대해 사용한다. 이런 사실에 대한 깨달음이 일터를 바라보는 내 시각을 변화시켰다. 하나님은 내 삶의 모든 면에 관심을 가지신다. 매주일 교회에서 교회와 사회의 지도자를 위해 기도하긴 하지만, 세 번째 줄에 앉은 회계사 자매와 영업사원 형제를 위해서는 얼마나 자주 기도하는가?

때때로 그리스도인들은 일의 세계에서 떠나는 것이 영적으로 더 고상해져서 하나님을 더욱 기쁘시게 할 거라는 크게 잘못된 생각을 해 왔다. 수도원 전통은 종종 세상으로부터 뒷걸음질친다는 비난을 받지만 한편으로 일에 대해서는 고상한 관점을 견지한다. 애초에 창조주 하나님께서 우리가 압력을 피해 세상으로부터의 출국 비자를 받도록 의도하시지는 않았다. 디트리히 본회퍼는 「옥중서신」에서 그리스도인의 소명은 이 세상에 관심을 갖는 것으로, 거친 인생의 현실 가운데 살아가며 매일 우리가 하는 선택을 통해 믿음을 증명해 보이는 것이라고 말했다. 예수님은 잡히시기 전에 제자들을 위해 기도하신다: "내가 비옵는 것은 저희를 세상에서 데려가시기를 위함이 아니요 오직 악에 빠지지 않게 보전하시기를 위함이니이다"(요 17:15).

신성한 것과 속된 것의 잘못된 구분은 특히 결함이 있는 런던 밀레니엄 돔에서 갑자기 머릿속에 떠올랐다. 이 돔은 밀레니엄을 기념하기 위한 국립 센터로 막대한 비용을 들여 건축되었다. 돔에서는 영적 영역, 상거래 영역, 일의 영역을 포함한 다양한 활동 국면으로 삶이 나뉘어져 있다. 이는 분명히 영적 영역이 우리 삶의 다른 어떤 부분과도 아주 다르다는 것을 의미한다. 이런 구분은 실제로 그 돔이 국가적인 손실이었던 것처럼 완성된 그리스도인의 삶을 위해서는 큰 재난이었다. 교회는 '하나님의 영역'이고 일터는 '하나님이 없는 지역'이라고 말할 수는 없다. 기독교는 우리 삶의 전부를 포함한다. 따라서 우리는 삶의 전 영역에서 기독교적 가치에 따라 살아가야 한다. 매일 나 자신의 가치관이 얼마나 세상의 영향을 받고 있으며 하나님으로부터 얼마나 비껴나 있는지 나 자신을 향해 매일 물어보는 것은 대단히 도전적인 일이다.

〈크리스천 헤럴드〉지에서 마크 카잘리드는 이렇게 말했다.

> 내가 나 자신과 나의 일을 하나님 손에 맡길 때 이는 신성한 것과 속된 것의 구분이 없다는 뜻이므로 내가 하는 모든 일은 서로 연결되고 하나님과 나누는 대화의 일부가 된다.

세상이 하나님을 병적으로 외면함으로써 얻은 크나큰 재난은 인간성의 파괴다. 만일 우리가 삶의 모든 부분에 미치는 예수님의 복음에 충실하려 한다면 하나님이 주신 성품은 일터에서 발휘된다. 런던무역상사의 중역 한 사람은 하나님이 그를 집이나 교회에서만큼이나 열띤 증권거래실 분위기 속에서도 사랑하신다는 것을 알기 시작하면서 완전히 변했다. 골로새서에서 바울은 "또한 그가 만물보다 먼저 계시고 만물이 그 안에 함께 섰느니라"(골 1:17)고 말했다. 현대 기독교의 모든 차원 중에서 이것이 우리를 가장 흥분케 하는 것이다. 하나님의 창조적인 에너지는 매일 일터에서 우리 삶의 모든 부분을 붙드시며 결합시키신다.

### 컴퓨터와 자본 – 무엇이 중요한가?

> 나는 이제껏 컴퓨터가 하나님의 나라와 어떻게 연관되는지 알지 못했다.
>
> (짐 뱅크스, 컴퓨터 프로그래머)

예수님이 이 땅에 내려오셨을 때, 그분은 하나님의 나라가 가까이 왔다고 선포하셨다. 나라라는 단어는 그것이 영토권을 의미한다는 점에서 우리에게 낯설게 들릴 수 있다. 그러므로 일이라는 문맥에서 하나님의 왕국은 이 세상에서 '하나님의 선이 미치는 범위'로 보는 것이 유익할지 모른다. 우리는 그 나라의 발전을 위해 '선의 영역'을 함께 공유하며 하나님의 가치관대로 일하여 이를 확장시키도록 부름 받았다. 우리가 일터에서 하는 행동은 거시적, 미시적인 수준에서 모두 하나님 나라와 그분의 '선의 영역'을 발전시키거나 방해할 가능성이 있다.

하나님이 우리가 일터에 있기를 원하신다는 사실을 확신하고 싶다면 이 진리를 붙들 필요가 있다. 나는 종종 사업계보다 교회나 자선단체에서 일하는 게 더 낫지 않느냐는 질문을 받는다. 무슨 질문인지는 알지만 그렇다고 답이 뻔한 것은 아니다. 이는 하나님은 평범한 일보다 분명 더 큰 인도주의적 자선 활동에 관심이 있으시다는 잘못된 믿음에 근거한다. 그렇지 않다. 그분은 우리의 일터를 그분이 얼마나 가치 있게 여기는지를 우리가 알고 죄의식 없이 자유롭게 일하기를 원하신다. 물론 어떤 사람들은 자기가 원하는 영역에서 일하라는 부름을 받을 것이다. 우리는 대부분 세속적인 일터에서 우리 소명이 무엇인지 발견하고 그곳에서 어떤 일을 성취하게 될지 찾아낼 필요가 있다. 실제로 이는 간호업무나 사회사업 같은 일에서 더 쉽게 발견된다.

그렇다면 큰 조직에서 은행가로 일하는 것이 하나님 나라를 발전시키는가? 5년간 은행에서 일해 온 한 중역이 내게 이렇게 말했다: "내가 큰 세계적 기업에서 일하지만, 너무 작고 하찮은 조직의 일부일 뿐이라 아무 변화도 이끌어 내지 못한다고 생각하면 혼란스럽습니다. 내 인생에서 애써 이루어야 할 게 뭘까요?"(다나 올슨, 대졸 연수생). 나는 그녀가 더 큰 그림을 이해하도록 도와주려고 했다. 우리의 일 뒤에 놓인 목적을 발견하려 한다면 이것은 반드시 필요한 부분이다.

자본의 자유로운 흐름, 새로운 사업을 위한 기금 준비와 일자리 창출은 사회에 아주 중요한 것이다. 우리들은 모두 우리가 하는 일의 더 넓은 맥락을 이해해야 한다. 슈퍼마켓 매니저는 좋은 식품을 적정한 가격에 공급하는 것으로 결정적인 서비스를 제공한다. 효과적인 운영과 고객 서비스는 쇼핑이 기분 좋은 경험이 되게 함으로써 사회에 영향을 준다. 미시적 수준에서 하나님이 우리의 일터에서 하시는 일을 보는 법을 알아야 우리 에너지를 그 영역에 투입할 수 있다. 예를 들자면, 우리가 상품을 정확히 설명하느냐 못 하느냐는 영적인 결정이다.

어떤 사람이 판매원에게 "세탁기에 넣고 빨면 이 점퍼는 색이 빠지나요?" 하고 묻는다. 우리가 작은 일에서 진실을 이야기할 때, 하나님 나라는 전진한다. 이는 우리가 문서를 작성하고 제품을 팔거나 시험 채점을 할 때, 즉 우리가 일상에서 하는 모든 활동에 다 해당되는 얘기다. 우리는 하나님께서 원래 의도하신 공동체 계획을 강화하는 데 관심이 있으시다는 사실을 스스로 끊임없이 상기해야 한다. 우리는 종종 일의 목적에 대한 논의를 자기 성취라는 개인주의적인 토의에만 국한시킴으로써 일의 결정적인 동기를 놓치곤 한다. 그 대신 이 논의는 하나님이 창조하시고 사랑하시는 인간 공동체, 즉 은행이나 슈퍼마켓, 정보기술 등에 의해 뒷받침되어야 할 인간 공동체의 필요라는 맥락에서 이루어져야 한다.

### 효과적이고 성실한 – 우리는 어떻게 변화를 이끌어 내는가?

사람들은 대부분 그들의 삶을 통해 변화를 이끌어 내기 원한다. 그러려면 우리는 하나님의 나라를 확장하는 데 우리가 해야 할 역할이 무엇인지 확인해야 한다. 오늘날 세상에서 그리스도인이 해야 할 중대한 과업은 세상에 복을 가져오는 것이다. 우리는 세상에 좋은 삶을 전하는 대리자다. 그러니 우리는 하나님이 주신 대의를 추구할 때 효과적이면서도 성실해야 한다.

달란트 비유에서(눅 19:11~27) 주인은 왕위를 받아 가지고 오려고 여행을 떠나기 전에 그의 종들에게 어느 정도 자본을 주고 그들에게 그가 돌아올 때까지 일에 투자하라고 명한다. 인기는 별로 없지만 그가 돌아와서, 주인의 부재 시에도 잘 협력하여 주어진 돈을 잘 활용해서 처음보다 더 이익을 남긴 두 종에게 상을 내린다. 하지만 그는 돈을 증식시키는 데 꼭 필요한 위험부담 없이 원금을 그대로 보존하기만 한 종에게 화를 낸다.

우리는 일터에서 그분의 가치를 실현하는 데 기꺼이 협력하고 하나님께 충성해야 한다. 우리가 그리스도인으로서 하나님이 없다는 비웃음에 직면해야 하는 까닭에 우리 평판도 위험해질 수 있다. 그리고 하나님이 계신다 해도 비유에서처럼 그분은 긴 여행을 떠난 것처럼 보인다. 하지만 우리는 예수님이 우리에게 회계를 하라고 요청하실 뿐 아니라 돌아와서 보상해 주실 것을 알고 매일 올바르게 살아야 한다.

나는 프랑스 남부에서 휴가를 보내면서 항구에 정박된 대형 요트를 본 기억이 있다. 그 배는 선원이 24명이었다. 선장을 만나 봤는데 그는 항구에서 커피를 마시고 있었다. 나는 요트에 대해 그에게 물어보았다. 그는 내게 선원들이 매일 안전 절차를 확인하기 위해 배를 바다로 끌고 나간다고 했다. 요트는 매일 완벽하게 청소되었다. 배에는 식량이 준비되고 매일 항해할 준비가 되어 있었다. 그는 생각에 잠긴 듯 말을 이었다: "이 배의 주인은 거의 3년 동안 나타나거나 소식을 전해 온 적이 없었어요. 하지만 우린 그가 도착하자마자 떠날 수 있게 준비를 해 놓죠. 주인이 언젠가는 나타날 거란 걸 전 압니다. 그날이 곧 오기를 바랄 뿐이죠." 이것이 바로 우리가 살아가야 할 태도다. 예수께서 재림하실 그날을 고대하며 당면한 일을 해 나가는 것이다.

우리는 성실하면서도 효과적이어야 한다. 우리는 삶의 모든 영역에서 성장할 필요가 있다. 정체된 상태란 없다. 우리의 재능과 물질, 시간과 자원들은 모두 하나님이 우리에게 주신 선물이므로 잘 사용해야 한다. 이를 최대한 잘 활용하는 데는 위험이 뒤따를 것이다. 이 비유의 핵심은, 우리에게 주어진 기회를 붙잡기 위해서는 효과적인 손에 성실의 장갑을 끼어야 한다는 것이다. 우리가 단지 성실하다고 해서 하나님이 주신 것을 그대로 보존하고 담아놓았다가 그분이 재림하실 때 내놓을 수는 없다. 마찬가지로 효과만 따지면서 그분이 주신 자원을 증식시킴과 동시에 우리가 주인이 돌아오기를 기다리는 종이라는 사실을 깨닫지 못해서도 안 된다. 이 교훈은 "세월을 아끼라"(골 4:5)는 바울의 권면에서 잘 요약된다.

### 세상 – 위로인가 대결인가?

하나님은 세상을 사랑하신다. 이는 성경 전체에 그리고 요한복음 3장 16절에 잘 표현돼 있다: "하나님이 세상을 이처럼 사랑하사 독생자를 주셨으니 이는 저를 믿는 자마다 멸망치 않고 영생을 얻게 하려 하심이니라." 하지만 요한도 우리에게 경고한다: "이 세상이나 세상에 있는 것들을 사랑치 말라"(요일 2:15). 이 두 구절 사이에 드러나는 명백한 모순은 쉽게 풀린다. 우리가 '세상을 사랑하지 말아야' 한다는 말씀의 세상은 하나님과 전혀 상관없이 혼자 돌아가려 하는 피조세계의 일부분을 뜻한다. 이런 세계관은 말하자면 미디어 등을 통해 조성되며, 주로 사람들을 위해 사람들에 의해 만들어진 의견을 반영하지만, 하나님은 인정하지 않으신다. 신학자인 월터 브루그만은 이런 하나님의 부재를 "우리 시대를 규정하는 병리"라고 부른다. 이렇게 감각이 뒤틀린 세상은 하나님의 손을 깨닫지 못한다. 이것은 파멸로 가는 길인 까닭에 우리는 여기에 마음을 두어선 안 된다. 하지만 우리는 하나님이 창조하신 세상, 즉 (미래 세대를 보존하기 위해 그분이 우리에게 주신) 환경과 하나님이 창조하시고 그리스도께서 그들을 위해 죽으셨던 사람들을 사랑해야 한다.

우리의 일터는 구조화된 조직들이다. 직장 경력을 쌓아 가는 중에 우리 중 많은 사람들은 관리 대상이 되기도 하고 다른 사람들을 관리하기도 하며, 대부분 직장 동료가 있을 것이다. 이런 특징들은 우리가 공유할 만한 정보와 우리의 의사소통 방법에 모두 영향을 미친다. 하지만 사람은 그래도 사람이라는 걸 우리는 기억해야 한다. 근엄한 양복 뒤에는 긍정과 지지가 필요한 연약한 사람들이 있다. 우리는 모두 직장에서 우리가 잘한 일에 대한 칭찬과 인정을 필요로 한다. 날마다 우리는 세상을 거스르는 기회를 찾아야 한다. 즉 동료에게 작지만 친절한 행동이나 격려의 말을 건넨다든지, 또는 부정적인 상황에서도 긍정적인 태도를 취하는 것이다. 내가 아는 어떤 변호사는 매일 사무실에서 적어도 한 사람 이상 칭찬해 준다. 그의 목표는 자신의 주위에서 떠도는 부정적인 말에 대항하는 것이다. 그리스도인의 믿음의 분명한 특징인 우리의 이웃을 사랑할 줄 안다는 것은 매일 일터의 불길 속에서 시험된다.

요한복음 17장에서 예수님은 이 본질적인 긴장을 설명하시며 그분의 제자들은 세상에 있으나 세상에 속하지 않았다고 말씀하신다. 이 말씀으로 그분은 우리가 하나님 나라의 가치에 의해 활동하길 원하지만, 지리적으로는 세상의 일터 속에 위치해 있음을 암시하신다. 우리는 삶의 현장을 걸어 나가면서 외로움과 실망, 무의미함 같은 거친 열매를 줍는다. 우리 스스로 역기능적인 사회의 이미지를 참아내는 동시에 깨뜨리고 있음을 알게 된다. 일터에서 매일 맞부딪치는 이런 긴장은 사전에 결과를 예상치 못한 복잡한 문제에 끊임없이 타협하는 것으로 이어진다. 이런 점에서 일터는 전장이라고 할 수 있지만, 우리는 확실히 승리할 것이다. 나는 계속해서 "무릇 너를 치려고 제조된 기계가 날카롭지 못할 것이라"(사 54:17)는 말씀을 상기한다. 우리는 여전히 불확실하고 복잡한 세상에서 살아가야 하지만, 그렇다고 아무런 도움 없이 혼자 내버려진 것은 아니다. 성령께서 늘 우리와 함께하시며 우리를 도우신다.

그렇다면 우리는 세상에서의 삶을 어떻게 최대한 활용할 것인가? 많은 그리스도인들은 뿌리 깊은 염세주의로 세상을 바라보는 습관이 있다. 설교자들은 구분을 하려는 의도로 세상을 무시무시한 용어로 묘사하며 구원을 향한 위대한 탈출이라는 주제를 강조하는 습관에 빠질 수도 있다. 세상을 비난하는 데는 서슴지 않으면서 기회만 닿으면 세상을 동경하는 것은 세상에 대한 우리의 태도에 불균형을 초래한다. 세상의 유혹적인 본성과 이를 동경하는 마음이 여전히 생생한데 어떻게 이런 관점을 바로잡을 수 있을까? 나는 다음의 세 가지 방법이 유익함을 발견했다.

### 1. 세상을 이해하기

예수님은 사람들이 현실을 이해하기를 원하셨다. 우리가 세상의 결함에 대항해서 비판적인 장광설을 늘어놓기 전에 세상을 이해하려 한다면 우리는 그분으로부터 우리의 분석 도구를 연마하는 법을 배워야 한다. 따라서 세상과 관계를 맺는 첫 번째 규칙은 세상의 열망과 욕구를 이해하고 장점을 수용하려 노력하는 것이다. 나는 누가복음 16장 1~8절에 나오는 불의한 청지기의 비유를 읽으며 충격을 받았는데, 여기서 예수님은 이해하기 힘들어 보이는 결론을 내리신다. 그분은 '세상의 사람들'이 세상에서 당면한 문제를 처리하는 데는 (신앙인을 뜻하는) 빛의 사람들보다 더 지혜로울 때가 많다고 말씀하신다. 예수님이 말씀하시려는 것은 외부인들보다 세상이 스스로를 더 잘 이해한다는 말인 듯하다. 우리가 현대 음악을 듣고 영화를 보거나 광고를 연구하면 금세 이 말이

맞다는 걸 발견하게 된다.

매년 교회에서 열리는 컨퍼런스 중에서 '인생을 살아가는 법'이라는 제목의 세미나를 인도한 적이 있다. 이 세미나의 목적은 세상이 밝게 빛나는 곳인가 암흑의 장소인가를 점검해 보는 것이었다. 이것은 직장에서 그리스도를 위해 살아가려 애쓰는 모든 사람들에게 중대한 질문이었다. 우리가 세상에서 의미 있는 삶을 살아가려면 성경적인 세계관이 필요하다. 세미나에서 나는 참가자들과 함께 최근 20년간 코카콜라의 광고에 대해 검토해 보았다. 목적, 사랑, 공동체, 가족, 동기부여에 대한 욕구가 '코카콜라, 그것뿐'이나 '무엇도 이 맛을 대신할 수 없어요'라는 코카콜라의 선전문구들과 잘 맞아떨어졌다. 또 하나는 나란히 놓인 코카콜라 병 두 개가 '사랑'이라는 글자로 붙어 있는 그림이며 '우린 모두 친구'라는 문구와 함께 서로 다른 많은 사람들이 손을 잡고서 공동체를 표현하고 있는 그림이다. 이런 선전문구들은 한 세계 주요 기업이 사람들의 필요를 감지하여 이해하고 연결하려 애썼기 때문에 창조된 것이다. 그런 까닭에 우리는 대중매체와 작곡가, 광고자들과 세상의 필요에 대해 여론을 형성하는 사람들로부터 배울 것이 있다.

우리의 이해는 그리스도인의 삶에 대한 가정들이 무엇인지 모르는 사람들과 토의하고 대화를 나누며 점점 발전해 나간다. 그들의 처한 위치를 이해함으로써 우리는 "바람을 잡으려"(전 1:14) 애쓰고 세상이 주는 불완전한 해결책을 헛되이 찾아다니지 않으면서 그들 세계관의 토대를 변화시키는 데 도움을 줄 수 있게 된다.

## 2. 세상을 비판하기

하지만 단지 우리 주위의 세상을 이해하고 감정이입하는 것만으로는 충분치 않다. 우리는 무골호인이 되어서도 안 되며 세상이 스스로 해결책을 결정하도록 놔둬서도 안 된다. 우리가 사는 세상의 결점을 이성적이고 비판적인 눈으로 돌아볼 필요가 있다. 세상에 만연한 가치들은 그것이 사회에 유익을 주는지 파괴하는지 시험해 보아야 한다. 예를 들어, 우리는 소비자 중심주의가 다른 사람에 대한 구속과 관용이라는 성경적 가치와 어떻게 부딪히는지 결정하기 위해 그 이면의 동기를 살펴본다. 직장에서 불행하거나 성취감을 느끼지 못하거나, 깨어진 관계, 우울, 스트레스에 대한 해결책을 세상에서 제시할 수는 없다. 예를 들어, 장기적인 성품 형성과 즉시 만족하고픈 열망을 결합시키는 방법 같은 어려운 세상 문제에는 해답이 없다. 성경적 비판은 세상의 인식 가운데 존재하는 빈 곳을 확인하는 과정의 일부다.

## 3. 세상을 그리스도께로 인도하기

세상을 이해하고 그 실패를 비판한 후에는, 세 번째로 특별한 일이 일어난다. 우리는 하나님께서 세상과 자신을 화해시키시는 활동의 능력을 목격하는 증인이 될 것이다. 이제 앞으로 걸어야 할 길은 단지 동료들의 필요를 더 확실하게 이해하거나 그런 필요를 조사해서 의견을 제시하는 기술에 있지 않다. 진정한 변화는 그리스도의 가르침과 능력을 세상과의 대화로 풀어내는 데서 비롯된다. 나는 이것이 어떤 규범이 되기 전에는 적대적인 관점이 아니라 이해에서 시작하는 일종의 변증법적 과정으로 본다. 많은 사람들이 기독교의 중심 사건인 십자가를 회피하고 십자가 없는 영적 경험 속에서 살아갈 능력을 찾으려 하면서 세상과의 화해를 시도해 왔다. 이런 길은 실패하기 마련이다. 세상과의 화해는 십자가와 부활을 통해서 이루어진다. 지름길은 없으며 우리가 도전해야 할 일은 정박할 곳을 찾아 헤매는 세상에 이런 통찰을 일상의 언어로 제시하는 것이다.

세상을 이해하고, 세상을 비판하며, 세상을 그리스도께로 인도하는 이 세 가지 평가 도구를 행복을 찾는 현재의 논의에 적용해 보자. 행복 추구가 현대에 와서야 고안된 것은 아니지만, 작금의 행복 탐색에는 새삼스런 열정이 있다. 보수당의 지도자인 데이비드 캐머론은 우리에게 이런 것을 염두에 두라고 촉구했다: "주식시장이 상승세로 돌아서게 만들 뿐 아니라 사람들을 행복하게 만드는 일 … 지금은 국내 총생산(GDP)이 아니라 총복지(GWB)에 초점을 맞출 때다." 영국방송협회(BBC)에서 이런 열망을 6부작 시리즈 '행복 공식'으로 제작해 냈다. 〈선데이 타임스〉의 머리기사는 이런 추구를 다음과 같이 설명했다.

> 수십 권의 책이 쏟아져 나오고 대학이나 학교 강좌는 점점 늘어 가고 미국에서 이것은 대단한 강박관념이 되어 버렸다. 행복이 유행을 타고 있다…

예전에는 철학자들의 소관이었던 것이 지금은 경제학자, 사회과학자들과 경영대학원의 연구 목적이 되었다. 영국의 가장 성공적인 소매업체인 존 루이스 상회는 회사의 최종 목적은 '회사의 모든 사람들이 스스로 값지고 만족스런 작업을 통해 성공적인 사업 활동을 함으로써 그들이 행복해지는 것'이라고 명확히 규정한다. 행복은 믿음의 기초에서 바라보든 그렇지 않든 우리에게 모두 중요하다. 달라이 라마의 책「행복의 기술: 인생 편람」은 세계적인 베스트셀러다. 미국의 철학자인 윌리엄 제임스는 모든 사람들의 진짜 동기는 행복이라고 말했다: "행복을 어떻게 얻고, 어떻게 지키고, 어떻게 되찾는가는 사실 동서고금 대부분의 사람들이 하는 일과 그들이 기꺼이 견뎌내는 일의 은밀한 동기가 된다"(윌리엄 제임스,「종교적 경험의 다양성」).

하지만 즉시 이런 질문들이 생겨난다. 왜 우리는 이렇게 소유가 많으면서도 여전히 불행한가? 행복이란 무엇인가? 그것은 어디서 오는가? 그것은 어떤 알약 같은 형태로 주어지는가? 우리는 다만 "행복의 개념은 부정확하므로 모든 사람이 행복을 얻기를 희구하면서도 자신이 정말 바라고 원하는 것이 무엇인지 분명하고도 일관되게 얘기하지 못한다"(「도덕 형이상학의 기초」)는 칸트의 말에 따라야 하는가?

우리는 세상이 행복을 갈망하지만 진정한 행복의 본질을 이해하기 위한 도구가 부족한 것을 본다. 하지만 특별히 기독교적인 설명이 없는 일반적으로 알려진 가치관들의 관점에서도 일과 인생에서 행복을 갈망하는 것은 중요하며 단지 한때 지나가는 유행이 아니다.

행복은 단지 소유와 더 많은 소비, 더 큰 물질적 번영이나 직업적 만족에서 찾을 수 없을 것이다. 행복은 목적 있는 삶과 공존한다. 빌 게이츠는 세상에서 가장 부유한 사람이 된 기분이 어떠냐고 질문을 받자, 차라리 최고의 부자가 아니었으면 좋겠다고 대답했다. 하지만 나는 세상에서 가장 행복한 사람이 되고 싶지 않다는 사람은 전혀 본 적이 없다. 범위를 더 축소해서 우리는 매일의 직장 생활이 수입이나 출세에만 집중된 나머지 지속적인 행복의 원천을 발견하는 데는 소홀하지 않았는지 자문해 보아야 한다.

이런 갈망들을 종합해 보면 프로젝트가 성공적으로 끝났다고 단지 하루 신나하는 것으로는 충분치 않다는 것을 깨닫게 된다. 진실로 행복하기 위해서는 우리 자신의 관심사를 만족시키는 것보다 더 위대한 것이 필요하다. 다른 사람을 돕고 돈과 함께 시간에도 너그러우며 다른 사람의 유익을 자신의 것보다 기꺼이 우선시하는 태도는 행복 추구의 본질인 이타주의를 나타내 보인다.

그렇다면 기독교 영성은 날이면 날마다 직장에서의 끊임없는 행복을 열망하는 세대에 무엇을 제시해야만 하는가? 여기에서 우리는 현실의 장벽에 부딪힌다. 예수님의 가르침에 바탕을 둔 기독교적 가치들은 종종 대항 문화적 성격을 띤다. 매순간 행복하기를 기대하며 격리된 세상에서 살아가기란 정말 불가능한 일이다. 이를 믿는 것은 비현실적이고 어리석은 자들의 낙원에서 살아가는 일이 될 것이다. 세상에서 우리는 환난을 당하리라 예수님은 말씀하신다. 하지만 이전에도 그랬듯이 창조주의 정박지에서 벗어나 떠도는 세상에서 살아야 하는 현실을 인정하시면서, 예수님은 계속해서 이렇게 약속하신다: "담대하라 내가 세상을 이기었노라" (요 16:33). 그러므로 슬픔과 애통과 시련과 불행의 때가 닥쳐올 것이다. 솔직히 말하자면, 이런저런 느낌도 없이 삶이 계속 이어져야 하는 날도 있을 것이다. 하지만 우리가 해야 할 일은 행복을 찾는 사람들과 현실적인 대화를 시작하고 이런 변화를 예수 그리스도의 가르침에 근거하는 것이다. 그러므로 행복이란 여기저기 흩어진 일시적으로 즐거운 기분이 아니라 인생에서 전반적인 목적을 찾는 탐색의 일부로 재정의된다. 우리가 더욱 그리스도의 가르침에 따라 살아가면 힘든 시간도 더불어 헤쳐 나갈 수 있는 한편, 행복한 순간의 기쁨을 받아들일 수도 있을 것이다. 사실 우리의 행복 추구는 희생과 섬김, 만족과 기쁨에 대한 그리스도의 가르침이라는 렌즈를 통해 바라볼 때 가장 많이 실현될 것이다. 우리의 희생으로 직장에서 다른 사람들의 유익을 북돋울 때 언짢은 느낌이 들 수도 있지만, 그리스도를 위해 살아가는 전반적인 삶의 계획 속에서 이런 자기 부인의 행동은 끝없는 기쁨의 모형이 되며, 바울 사도는 이것을 이런 말로 요약한다: "내게 사는 것이 그리스도니"(빌 1:21). 초점이 우리 자신에게서 다른 사람의 필요와 소망을 만족시키는 것을 도와주는 것으로 옮아가면 참된 기쁨과 행복, 그리고 성취감이 뒤섞인다. 그래서 현대어 성경(Living Bible)의 번역은 산상수훈의 '그들은 복이 있나니' 라는 말씀을 '그들은 행복하나니' 로 적절히 풀어 쓴다: "의에 주리고 목마른 자는 행복하나니 그들이 배부를 것임이요"(마 5:6). 그들에게도 불행한 시기가 있지만, 하나님이 이 세상 모든 사람들에게 품으신 뜻의 본래 계획에 의해 살아가고 있음을 알아 만족했기에 그들은 전체적으로 행복하다.

이렇게 해서 우리는 세상이 행복을 갈망하는 것을 이해하고 행복이란 세상의 표준에 의해서조차 물질적 해결책을 추구해서는 얻을 수 없음을 깨달으며, 행복을 재해석하기 위해 십자가와 부활을 가리켜 보인다. 이런 시각에서 이해할 때, 행복 추구의 의미가 이해된다.

내가 유용하게 여기는 이미지는 텔레비전 화면의 이미지다. 만일 당신이 뉴스 채널이나 상업 채널을 틀면, 지금 세상에서 일어나는 사건들의 이미지가 펼쳐지는 것이 보일 뿐 아니라 그 하단에는 종종 추가 정보를 담은 문장들이 지나간다. 나는 이것이 세상과 그리스도인이 상호작용하는 것을 실례로 보여 주는 것이라 여긴다. 세상의 사건들이 일어나는 것을 보고 들을 때 우리는 이런 사건들에 끊임없이 성경적인 논평을 덧붙이고 행위를 설명하며 우리는 그리스도 안에서 그리스도를 통해서만 진실로 세상을 이해하게 된다는 것을 자신에게 상기시켜야 한다.

교회는 너무나 자주 일상의 압박에 대해서는 충분한 주의를 기울이지 않으면서 사람들이 그리스도의 가치에 따라 살아가도록 촉구한 까닭에 무감각하고 현실도피적일 뿐 아니라 판단에 있어서는 독선적인 것처럼 보인다. 사회의 이슈들과 부딪힐 때 우리는 사람들을 하나님으로부터 멀어지게 하는 모든 것들과 대항해야 하는 동시에 힘들어하는 이들을 위로하라는 부르심을 받는다. 하지만 우리 사회는 위로가 필요한 이들에게 대항하고, 대항해야 할 이들에게 위안을 주는 일이 얼마나 많은가?

때로 꽉꽉한 작업 환경은 결코 내가 하나님을 만나리라 기대할 만한 장소로 보이지 않는다. 하지만 예수님은 십자가에서 세상 최

악의 상황을 경험하셨다. 내 사무실은 하나님의 선하심과는 대단히 동떨어져 보이지만, 사실 그분은 더 힘든 상황도 겪으셨다. 십자가는 인간 절망의 극한 지점에 자리 잡고 있다. 그분은 우리를 위해 그곳에 가셨다. 아무리 사무실이 불경건해 보여도 그분의 손바닥 안이다. 이곳도 하나님이 계신 영역인 것이다. 예수님의 부활은 이런 갈등을 넘어서는 삶이 있음을 끊임없이 알려 준다. 세상이 우리에게서 돌아서거나 우리가 강박관념에 사로잡히게 되는 힘든 시기에, 나는 '그리스도께서 부활하셨다'는 단순한 진리를 크게 되풀이하는 것에 우리의 삶을 변화시키는 능력이 있음을 발견했다.

내일이 있음을 일깨우는 것은 우리가 매일을 희망으로 살아가는 데 필요한 확신이 된다. 이런 지식으로 우리는 매일 힘든 일터의 상황에 직면할 때 확신을 갖게 된다.

사람들이 하나님께 중요한 존재라면 우리에게도 마찬가지다. 함께 일하는 동료들을 사랑하는 중요한 측면은 대체로 그들이 모르게 그들을 위해 기도하는 것이다. 우리 일터에는 삶의 의미와 하나님의 존재에 대한 의문을 품은 사람들이 있으며 그들이 우리 이야기를 그들이 찾던 대답으로 여길지도 모른다는 사실을 알고 있어야 한다. 우리는 믿음에 대한 질문을 받을 때 당황하는 일 없이 분명히 답할 준비가 되어 있어야 한다. 일터에서 우리가 해야 될 가장 중요한 업무는 전도자가 되는 것이 아니다. 우리는 그런 일을 하라고 직장에 고용되지는 않았다. 하지만 우리는 주의를 기울이고 있다가 결정적인 순간에 영성으로 풍성한 삶을 살아가는 방향으로 그들과 이야기를 나눌 수 있도록 동료들 가까이에 있어야 한다.

이 장에 나오는 생각들은 다음과 같은 내 친구의 이야기로 가장 잘 요약될 수 있을 것이다.

나는 뉴질랜드의 한 기독교 가정에서 자랐는데 우리 할아버지는 감리교 선교사였다. 내 나이 열 살 때 내 여동생이 사망했고, 그 직후 부모님들도 이혼했다. 우리 가족은 그때 믿음에서 떨어져 나와 방황하고 있었다. 졸업할 때 나는 은행에서 일하기로 마음먹고 1990년대 초에 런던 워버그에서 일하게 되었다. 나는 성공해서 스스로 정해 놓은 재정적 목표를 달성했다. 나는 아름다운 미국 여성과 결혼했고 낭만적인 유럽의 도시들을 다니며 주말을 보냈다. 내게 더 이상 필요한 것이 있었겠는가? 나는 이상하리만큼 공허감을 느꼈지만 '일요일 밤의 우울'로 알려진 감정을 단호하게 처리했다. 하지만 점점 의구심은 늘어 갔다: '삶에 이것 말고 다른 것이 더 있을까?'

나는 켄 코스타라는 사람을 위해 일하는 가운데 그와 함께 정기적으로 택시를 타고 다니며 모임에 참석했다. 런던의 교통 혼잡은 지독해서 우린 얘기할 시간이 많았다!

켄은 어떻게든 내 삶에서 기독교의 흔적들을 발견해 냈고, 나를 알파코스의 저녁 식사에 초대했다. 내 아내인 케이티가 그 초대에 의문을 표시했을 때, 나는 그 사람이 내 상사라 가야 한다고 말했다! 하지만 사실은 그를 존경하게 되어 그의 시각이 궁금해졌기 때문이었다. 우린 시간에 맞춰 나타났고 니키 검블이 토크를 했다. 그 토크는 훌륭했지만, 내 관심을 끌었던 건 일어서서 하나님이 자신 내면의 공허를 채워 주셨다고 이야기하는 사람들이었다. 그건 바로 내가 맞붙어 싸웠던 감정이었다.

정직하게 말하자면, 켄은 내가 하나님을 찾는 데 더 이상의 역할은 하지 않았다. 그는 알파코스를 다시는 언급하지 않았다. 그는 하나님이 그 일을 하시도록 적절한 때에 물러섰다. 알파코스 주말수양회에서 나는 그리스도인이 되었고, 뒤이어 켄과 점심을 먹으며 가장 중요한 문제를 물어보았다: "제가 이 모든 것을 포기하고 인도에 선교사로 가야 한단 말인가요?" 나는 대답이 두려웠다. 하지만 켄은 내가 직장을 그만두는 것이 아니라 직장 안으로 들어가도록 하나님이 인도하실 거라고 내게 확신시켰고, 나는 투자은행에 계속 머물렀다.

그 후 곧바로 케이티와 나는 오스트레일리아로 이사했고 멜버른에 있는 우리 지역 교회에서 알파코스에 참여했다. 1998년, 나는 여전히 투자은행에서 전임으로 일하면서 알파 오스트레일리아의 대표가 되었다. 2000년에 나는 알파 인터내셔널에 참여했다. 2004년 초에 시드니의 해변을 따라 걸으며 니키 검블은 내게 알파 아시아태평양의 의장이 되어 달라고 요청했다. 드디어 나는 투자은행 바깥으로 부름 받았고 하나님은 이 새로운 역할을 이행할 열정을 주셨다. 세상 인구의 3분의 2가 포함된 이 방대한 분야에서 일한다는 것은 어마어마한 도전이다. 나는 은행에서 20년 이상 갈고 닦은 모든 기술을 동원하고 있다. 물론 지금은 하나님을 위한 거래를 하는 중이다!

1991년에 나는 인도 선교사로 갈까 봐 두려웠다. 2005년 3월, 뭄바이 회의에서 나는 갑자기 내가 인도 선교사가 되었다는 사실을 깨달았다. 그리고 지금은 켄 코스타와 함께 알파 인터내셔널에서 함께하고 있으며, 심지어 종종 택시를 같이 타기도 한다!

# 야망과 삶의 선택들
# Ambition and Life Choices

# Ambition and Life Choices

'야망'이라는 단어는 뒤섞인 반응을 이끌어 낸다. 조니 뎁에게 '야망은 더러운 단어'가 되어 버렸다. 라디오헤드도 마찬가지였다: '야망은 너를 상당히 추해 보이게 한다.' 하지만 완전히 부정적인 것은 아니다. 금메달을 따고 싶어 하는 운동선수 얘기를 할 때, 우리는 그들의 올곧은 야망에 박수를 보낸다.

전도를 위한 우리의 참된 소명은 미친듯이 '영혼 구원'하는 이 외의 모든 것을 야망이라고 여긴다. 이것은 성경을 오해한 것이다. 하나님은 우리를 불러 그분과 함께 협력하여 세상에서 그분의 왕국을 확장시키라고 하셨다. 물론 여기에 공헌하기를 열망하는 것은 분명히 옳다. 역대상 4장 10절에서 야베스는 하나님이 그를 축복하시고 그의 소유를 증대시켜 주시기를 기도했다. 그리스도인들은 때때로 일터에서 기회와 성공을 위해 기도하는 것이 부적당하다고 느낀다. 하지만 야베스는 "그 형제보다 존귀한 자라"(대상 4:9)고 묘사된다. 만일 우리의 열망이 하나님이 우리를 불러 맡기신 일과 일치한다면, 우리가 세상에서 변화를 가져오고 그분께 영광을 돌리도록 이 일에 복을 주십사 정당하게 구할 수 있다.

아버지가 세운 호텔 체인점을 잃은 로코 포르테 경이 계속해서 자기 체인을 세웠다. 그의 다음과 같은 생각은 많은 사람들의 소망이 요약된 것이다: "삶을 다 끝내고 나서 사람들이 '당신은 무엇을 했느냐?' 고 물을 때 '아무것도 없소' 라고 대답하고 싶지는 않습니다. 내가 어떤 영향을 미쳤고 뭔가 남겨놓은 것이 있다고 느낄 수 있다면 좋겠습니다."

### 열정적이고 만족스런 – 그리스도인의 야망이란 무엇인가?

내게 있어서 그리스도인의 야망이란 하나님이 주신 어렵지만 도달 가능한 목적을 열정적이고도 만족한 마음으로 추구하는 것이다.

### 열정적인

부스 장군의 자서전 「피와 불」에서 로이 해터슬리는 부스를 구세군으로 인도한 '무모한 열정'을 설명한다. 이와 비슷하게 우리의 야망은 하나님이 주신 열정으로부터 솟아올라야 한다. 곧 우리의 삶을 위한 그분의 목적을 이루는 것을 말한다. 빌립보서에서 바울은 이렇게 기록한다: "너희 안에서 행하시는 이는 하나님이 시니 자기의 기쁘신 뜻을 위하여 너희로 소원을 두고 행하게 하시나니"(빌 2:13).

세계에서 가장 큰 제약회사 중 하나인 글락소 스미스 클라인의 회장인 장 피에르 가르니에는 이 말을 간결하게 설명한다: "나는 열정적이면서 성공하지 못한 사람은 알지 못한다."

### 만족스런

하나님은 우리 재능과 어울리는 목적을 주신다. 설사 당신에게 확신이 없다 해도, 당신을 잘 아는 사람들과 얘기할 때, 시중에 나와 있는 많은 분석 도구들 하나 정도는 사용할 만하다. 리처드 볼스의 「당신의 파라슈트는 어떤 색깔입니까?」나 갤럽 강점 혁명 같은 것 말이다. 우리 자신을 더 잘 알수록 우리는 하나님께서 우리를 어떤 종류의 일에 부르셨는지 가늠할 수 있게 된다. 소명과 은사가 밀접하게 연결될 때 우리에게 맞는 일을 할 수 있기 때문에 우리가 만족하는 데 도움이 된다. 만족은 우리의 성격 유형에 따라 특별히 정해진 것이 아니라 하나님이 우리를 불러 시키신 일을 하면서 하나님을 위해 일하고 있음을 아는 데서 온다. 하나님이 주신 목표를 성취하려는 열망을 품을 때, 우리는 그분의 힘을 의지할 수 있게 된다.

**도전**

예전에 우리 교구를 담당했던 존 콜린스 목사님이 한번은 내게 이렇게 말했다: "하나님이 당신에게 컬러로 비전을 주셨다면, 흑백으로 그냥 만족하지 마세요." 주춤하는 기분이 든다 해도 우리는 걱정하지 말아야 한다. 하나님이 영감을 주신 꿈은 도전해 볼 만한 것이다. 처음에 나는 금융업에서 얻는 돈과 여행, 흥분감에 끌렸다. 그와 함께 나는 하나님의 나라가 세속 사회에서 성장하는 것을 보며 점점 마음이 설레기 시작했다. 런던 생활의 중심부에 계신 하나님을 보는 비전이 계속 펼쳐졌으며, 지금도 내 삶의 모든 면에 계속해서 영감을 준다.

테스코 회장이며 테스코 기업을 현재의 위풍당당한 위치로 성장시킨 것으로 신망을 쌓아 온 테리 리히 경은 이 도전을 다음과 같이 규정했다.

> 리더십의 본질은 다른 사람이 따라갈 비전을 그리는 것이다. 상황의 현실을 발견하고 당신이 이르고자 하는 곳의 그림을 그리며, 계획을 세우고, 나아가 이를 행하는 것이다. 이것은 사업과 도시에도 적용되지만 또한 당신 자신의 개인적인 상황에도 마찬가지다. 항상 더 나은 곳이 있다고 믿고 사람들이 당신과 함께 그곳에 이르도록 설득하는 것이다.

### 성취할 수 있다

우리의 야망은 우리에게는 벅찬 것이겠지만, 성취할 수 있는 것이다. 렌터카 회사인 에이비스의 첫 광고 캠페인을 기억한다. 에이비스는 그들의 사명 선언문을 이렇게 결정했다: "우리는 세계에서 두 번째로 큰 렌터카 회사가 될 것이다." 그들은 헤르츠가 업계 부동의 1위라는 사실을 알았다. '우리는 더 열심히 한다'는 표어와 함께 그들은 자신들의 시장 점유율이 헤르츠를 위협할 수 있는 지점까지 성장할 수 있음을 깨달았다. 그들은 서열 저 아래쪽에 있었으므로 이것은 높은 목표긴 했지만, 성취할 수 있는 것이었다. 우리가 꿈을 모두 실현할 수 있는 것은 아니라 해도 꿈은 현실적이어야 한다. '언젠가 억만장자가 되면 나는 수백만의 사람들을 먹일 수 있을 거야'는 훌륭한 생각이긴 하지만, 내가 말하는 그리스도인의 야망은 아니다. 어렵지만, 성취할 수 있는가?

### 하나님이 주신

〈불의 전차〉에서 에릭 리들이 한 대사를 누가 잊을 수 있겠는가?: "하나님은 나를 어떤 목적을 위해 지으셨습니다. 그분은 중국을 위해 나를 지으셨지만, 또 빨리 달리도록 만드셨죠. 내가 달릴 때, 나는 그분의 기쁨을 느낍니다"(1924년 올림픽). 하지만 새로운 벤처사업을 시작하도록 인도되고 있다고 믿을 때 우리는 흔히 "정말 하나님이신가요?"라고 반응한다. 꼭 물어봐야 할 좋은 질문이다. 우리가 믿음으로 그분의 뜻을 행하기 위해 발걸음을 옮겨 놓을 때, 우리의 야망은 시작되고 유지되며, 필요할 때 하나님께 고침 받을 것임을 알아야 한다.

### 마케팅이나 경영 – 우리는 어떻게 진로를 선택하는가?

**관계**

인도하심이라는 주제에 대해 쓰인 책이 많이 있다. 나는 내 인생을 향한 주님의 구체적인 뜻을 알려고 애썼고, 많은 사람들이 이 주제를 붙들고 지나치게 씨름하고 있을 때 그들의 직업 생활의 모든 단계에 대해 그들과 오랫동안 대화를 나누었다. 다음의 몇 가지 실제적인 관찰은 그런 대화를 통해 걸러진 것이다.

그리스도인으로서 우리가 결정을 내릴 때 주로 참고해야 될 핵심은 규칙적인 기도와 성경 읽기로 쌓여진 하나님과 우리와의 관계다. 나를 형성했던 구절은 시편 25편 14절이었다: "여호와의 친밀함이 경외하는 자에게 있음이여 그 언약을 저희에게 보이시리로다."

온 세상 만물의 주인이신 분이 우리 안에 거하기로 선택하셨다는 생각은 우리의 마음을 사로잡는다. 그러므로 그분의 인도를 구하는 것은 책임감 때문에 무기력하게 물러나거나 수동적으로 미래를 받아들이는 것이 아니라 상호작용의 과정이다. 이런 과정은 우리의 믿음을 깊게 한다. 우리 마음의 충동과 창조적인 생각을 하나님께 내려놓으면 현명한 선택이 주어질 때가 많다. 하지만 하나님의 인도를 이야기할 때 어떤 이들이 사용하는 언어는 우리가 프로그래머의 일정불변한 지시에 반응하는 로봇임을 의미하는 듯하다. 누가 첫 마디를 이렇게 시작하는 경우에는 나는 종종 회의가 든다: "하나님이 내게 이 직장을 떠나라고 말씀하셨어요." 만일 상호작용의 과정이 더 많았지만 그냥 짧게 이야기한 것이라면, 대단한 일이긴 하지만, 때로 이것은 인도하심을 잘못 이해하거나, 더 나쁘게는 책임을 떠넘긴 것이다. 우리가 인간으로 성숙하는 것은 하나님 앞에서 우리 행동에 대한 책임을 받아들임으로써만 이루어진다.

대학을 떠나 여러 직업을 두고 선택하려는 사람들과 많은 얘기를 나눠 보면서 나는 되풀이되는 섬뜩한 기운을 느꼈다. 말하자면, 그것은 일종의 마비상태로 하나님이 우리를 위해 결정을 내려주실 것을 기대하며 그분의 인도를 끊임없이 간청하는 데서 비롯된다. 어떤 면에서 이것은 목사관의 문을 들어서려는 것과 비슷하다. 목사님이 말한다. "먼저 들어가시죠." 방문객은 예의 바르게 대답한다. "먼저 들어가세요." "아니, 아닙니다, 제가 나중에 들어가겠습니다" 하고 목사님이 대답한다. "괜찮으니 제발 먼저 들어가세요" 하고 다시 방문객이 말한다. 그리고 이런 상황이 계속

된다. 인도하심은 계속 돌아가는 회전문일 수도 있는데, 하나님은 우리가 행동하기를 기대하시고 우리는 하나님께서 행하시길 기대한다. 하지만 이것은 우리가 앞으로 나아가 첫 발을 떼어놓으면 뒷전에서 들리는 하나님의 음성을 느끼는 것과 같다: "이것이 정로니 너희는 이리로 행하라"(사 30:21). 나는 하나님이 우리가 먼저 움직이기를 기대하신다고 확신한다. 내가 이런 사실을 확실히 포착한 것은 중요한 결정을 내리려 애쓰는 한 금융업자의 편지에서였다.

> 내가 갈 곳을 보기 전에 조금은 움직이는 것이 보통 도움이 됩니다. 아직도 선착장에 서 있으면 보트에서 항해하기가 어렵지만 한번 항구를 벗어나면 해류와 바람을 느끼고 행로를 정할 수 있지요.
>
> (토신 아데레미, 은행가)

나는 중요한 결정을 할 때는 믿을 수 있는 친구들과 의논하는 것이 도움이 된다는 것을 발견했다. 몇 년 전, 내가 책상에 앉아 있는데 전화벨이 울렸다. 나는 이름을 알아듣지 못했지만, 전화를 건 사람은 자신을 헤드헌터라고 소개했다. 그는 내가 다른 은행의 상급 직책으로 올 생각이 있는지 물어보았다. 그는 제안서를 소개하기 위해서 나를 점심에 초대했다. 헤드헌터로부터 강한 압박감이 느껴졌고 나는 어떻게 해야 하나 답이 나오지 않았다. 이직이 끌리는 것은 승진을 하는 데다 재정적으로도 유리하다는 점이었다. 계속 이곳에 남아 있으면 회사 내의 익숙한 환경에서 내 결점과 강점을 다 아는 동료들과 함께 성실하게 일하며 성장할 기회가 주어지는 것이다. 직장에서 누구에게든 이 얘기를 하는 것은 물론 불가능했다. 아내가 지지해 주었지만, 이 중대한 인생의 선택을 하는 가운데 나는 상당히 외로움을 느꼈다. 나는 교회에서 사업에 어느 정도 경험이 있는 절친한 친구 세 명을 불렀다. 그들은 즉시 만나자고 제안했다. 우리는 얘기를 나눴고 나는 괴로워하면서 들었다. 우리는 함께 기도했다. 시간이 지나면서 그들은 내가 생각을 정리하게끔 도와줄 수 있었다. 종종 단기간의 유익, 특히 급여 부분이 우리의 판단을 흐리게 할 수도 있다. 그러면 친구들은 객관적인 시각을 제시해서 이를 극복하는 데 도움을 줄 수 있다. 결국 선택과 그에 대한 책임은 내가 져야 하지만, 나는 이야기를 나누면서 강해지는 것을 느꼈다. 결국 나는 남아 있기로 했고 이것은 옳은 결정이었다.

내가 서른둘이었을 때, 파이에게 프러포즈해야 할지 결정하는 것이 아주 어렵다는 걸 알았다. 기도하면서 하나님이 나와 관계를 맺으시고 내게 믿음의 발걸음을 내딛으라고 요구하신다고 느껴졌지만, 내가 하나님을 설득하려 들 때마다 모든 것이 불투명해졌다. 아버지에게 전화하자 아버지는 관계란 대차대조표가 아니므로 내가 찬반 그 어느 쪽도 균형을 맞출 수는 없을 거라 말씀하셨다. 내가 중요성을 제대로 가늠하지 못할 거라는 불안감도 들었다. 헌신이라는 개념이 나를 두렵게 했다. 어느 날 저녁 나는 오페라 공연을 보러 갔다. 지금도 나는 그때 겉표지 인쇄 부분이 대부분 손바닥의 땀으로 지워져 버린 순서지를 아직도 갖고 있다. 그때 저녁을 먹으러 갔는데 나는 웨이터에게 페리에와 샴페인이 둘 다 있는지 물어보았다.

둘 중 무엇을 선택하는가는 내가 파이에게 용기를 내서 청혼할 수 있을 것인지, 그리고 파이가 어떤 답을 하는가에 달려 있었다. 그녀는 허락했고, 샴페인이 왔을 때 벅찬 안도감이 밀려왔다. 세상 꼭대기에 선 느낌이었다. 하지만 그런 직후에 결혼 생활 동안 그때뿐이긴 했지만 잠시 나는 이 결정에 의구심을 품었다. 평생을 바쳐야 한다는 생각이 내게 확연히 다가왔다. 평생이라니 너무 긴 것 같았고 나는 피할 곳을 찾고 싶었다. 48시간 후에 파이와 그녀의 가족은 신문에 약혼 발표를 하자고 했다. 나는 이 말에 멈칫했고, 상황을 좀 더 융통성 있게 풀어 가고 싶었다! 하지만 마음 깊은 곳에서 나는 이 결정이 옳다는 것을 알았고 지체할 시간이 별로 없었다. 발표가 났다! 이것은 공식적인 행동으로 믿음의 발걸음을 옮겨 놓아야 할 돌이킬 수 없는 지점에 이르렀다는 표시였다. 그 후 즉시 엄청난 평안이 나를 덮었고 나는 하나님께서 이 결정에 함께하신다는 것을 깨달았다. 나는 결코 뒤돌아보지 않았고,

우리는 복되고 놀라운 결혼 생활을 해 나가고 있다.

**때**

당신이 쥐어짠다고 해서 익은 과일을 얻을 수는 없다. 이사야 선지자는 이렇게 말한다: "때가 되면 나 여호와가 속히 이루리라" (사 60:22). 사람들은 종종 인도해 달라는 기도에 하나님이 응답하시는 때가 언제인가 하는 문제로 고민한다. 우리는 스스로에게 이런 질문을 던진다: "왜 그냥 버튼을 눌러서 즉각적인 답이 나오게 할 수 없을까?" 우리는 비디오를 빨리 돌려 결론을 보고 싶어 한다. 하지만 사실 우리의 지각력은 즉시 바뀌지 않는다. 우리는 마음의 불순물을 제거해서 새로운 통찰을 생각하고, 매일의 활동 영역을 살펴 동기를 시험해 보며 더 분명한 이해를 얻어 낼 시간이 필요하다.

어릴 때도 나는 글을 쓸 수 있음을 알았다. 집세며 식비 같은 사치품에 드는 정규 수입을 얻고 싶은 생각에 마음이 흔들려 몇 가지 다른 직업을 전전한 뒤 나는 드디어 30세에 전업 작가의 길에 들어섰다. 사실 일을 해서 돈을 벌겠다는 생각에 사로잡혀 나는 돈을 버는 것이라면 뭐든 닥치는 대로 썼다. 라디오 쇼에 쓸 만담, 인사 카드에 쓰는 싸구려 글귀, 여성 잡지에 싣는 무섭고 짧은 이야기들 말이다. 결국 나는 소명과 직업으로서의 글쓰기라는 생각으로 돌아왔고 더욱 진지하게 글쓰기를 받아들이게 되었다. 그 후 위대한 소설을 써서 부커 상을 받고 겸손하게 지성인들의 갈채를 받으며 문예 살롱에서 정당한 내 자리를 찾겠다고 시도한 뒤로 아무 소득 없이 7년이라는 세월이 흘렀다. 내가 재정적으로 나락에 굴러 떨어졌을 때 나는 교묘한 거절에서 직설적인 모욕까지 출판사로부터 온갖 종류의 거절을 다 경험해 보았다. 바로 그때가 주식을 살 때였다(내 은행 지점장으로부터 위협적인 편지를 받은 것이 구입을 결정하는 데 아주 중요한 역할을 했다). 내 삶을 더 현실적으로 바라보게 되자 내가 인내와 고집이라는 은근히 비슷한 두 가지 특징을 혼동했다는 걸 알아차렸다.

기도하면서 나는 하나님께서 아직도 내가 작가가 되기를 원하신다고 믿었지만, 내 접근방법은 틀릴 수도 있음을 느꼈다. 아예 포기하고 창조성이라고는 애초에 기대할 수 없는 안전한 정시 근무 직업을 택하기보다, 나는 인내하기로 했다. 하지만 내 방법은 달라졌다. 더 가볍고 상업적인 소설을 쓰면서 나는 첫 성공을 거두었을 뿐 아니라 하나님이 이 일을 하도록 나를 만드셨음을 느꼈다.

나이 마흔에 나는 첫 소설을 출판했고 올해 여섯 번째 책이 나올 예정이다. 아마 가장 두드러진 논평은 친구가 한 이 말일 것이다: "네 책을 읽으면 마치 네가 직접 말해 주는 것처럼 내 목소리가 분명히 들려."

그것은 수년 전에 내가 의사소통에 대해 계획했던 목소리는 아니었지만, 친구의 말이 옳았다. 그것은 바로 내 목소리였다.

(줄리 웨스트, 소설가)

만일 우리가 어떤 직업에서 다른 직업으로 인도되고 있는 것 같다면, 기반이 준비되는 데는 시간이 걸릴지도 모른다. 때로 우리는 변화하고 싶어 안달하지만, 변화된 일련의 환경을 유지할 기초가 부족할 수도 있다. 종종 그 첫 단계는 우리를 어떤 특정한 직업과 결부시킨 원인을 떼어놓는 것이다. 하지만 시간이 지나면서 우리는 긍정적인 면에서 우리의 영이 살아나고, 다른 직업이나 다른 분야, 다른 생활방식으로 기울어지는 것을 경험하게 될 것이다. 한쪽이 느슨해지면, 다른 쪽이 강해지는 법이다. 우리는 단지 어떤 상황에서 빠져나오도록 부름 받은 것이 아니라 새로운 시작과 도전으로 부르심을 받은 것이다. 고린도전서 7장 17절에서 바울은 우리에게 이렇게 말한다: "오직 주께서 각 사람에게 나눠 주신대로 하나님이 각 사람을 부르신 그대로 행하라." 인도의 과정은 인도 그 자체만큼이나 중요하다. 그것이 우리가 진심으로 신뢰하고 경청하는 법을 배우는 방법이다.

**표징들**

하나님께 인도하심의 표징을 보여 달라고 구하는 것이 옳은가? 종종 그 징조는 하나님이 주시는 평안의 형태로 오지만, 이는 어떤 선택을 했다는 안도감이 아니라 우리의 이해를 넘어서는 평강이다(빌 4:7). 하지만 때때로 그 표징은 매우 생소한 것일 때도 있다. 기드온은 결정을 시험해 보기 위해 하나님 앞에 양털을 놓았다(삿 6:36~40). 하지만 중요한 것은 결정을 한 뒤에 양털이 놓였다는 것에 주목해야 한다. 이는 책임을 회피하는 방법이 아니었다. 표징을 구하는 것은 예언보다는 확증을 위한 것으로 특별한 경우에만 할 필요가 있다.

그리스도인이 된 지 약 1년이 되자 나는 하나님께서 지금의 경영 컨설턴트 직에서 나와 교회를 위한 전임 사역으로 부르시는 것을 느꼈다. 교회의 리더들은 내가 임원으로 참여하는 것을 매우 환영했지만, 문제는 당장 빈자리가 없고 내게 줄 예산이 없다는 것이었다. 그때가 7월이었는데 우리는 일단 그 해 말에 다시 내년 예산이 인상될지 검토해 보기로 했다.

시간이 흐르면서 나는 지금의 직장에서 마음이 떠났는데 내 계획을 상관(벤이라고 부르겠다)에게 숨기는 것은 공정치 못하다는 생각이 들었다. 나는 곧 교회에서나 다른 사역 단체에서 일할 수 있을 거라고 굳게 확신했다. 한편, 나는 아직 그에게 말해 줄 계획이 하나도 없다는 점에서 확실한 제의를 받은 것이 아니었다. 나는 하나님의 음성을 바르게 들었는지 의심하기 시작했고 매일 주님께 기도하며 벤에게 내 장기적인 계획을 이야기할 적당한 때를 보여 주십사고 구했다.

나는 '적당한 때'가 벤이 9월에 휴가에서 돌아온 후일 거라고 확신하게 되었다. 하지만 휴가를 떠나기 직전인 8월 11일에 그는 갑자기 나를 만나자고 하더니 잠시 혼란스러웠다고 얘기했다. 그는 한편으로는 내가 일을 잘해 주고 있다고 말했지만, 다른 한편으로는 내 마음이 일에서 떠난 것 같아 불안했다고 했다: "그래서 내가 묻고 싶은 건 이겁니다. 정말 여기서 일을 하고 싶습니까?" 내 마음은 누방망이질 쳤고 이런 생각이 들었다: '오, 하나님, 이것이 분명 적당한 때라는 생각은 드는데, 제가 계획했던 건 이게 아니에요.' 그래서 나는 그에게 상황을 털어놓았고, 우리는 5분 안에 내가 회사를 언제 어떻게 떠날지에 대해 의견을 모았다. 벤은 상황을 이해하고 지원하는 마음으로 내가 컨설턴트 직업을 떠나 새로운 직장을 발견할 때까지 얼마의 시간이 흐르든 이를 연결할 계약직 일거리를 주겠다고 제안했다.

한 시간 후에 나는 여전히 약간 충격 받은 상태로 사무실에 혼자 앉아 있었다. 모든 일이 너무 빨리 일어나 버렸다.

비밀은 다 털어놓았고, 갑자기 나는 아주 달라진 생활을 향해 나아가고 있었다. 하지만 이것이 정말 하나님의 뜻일까? 아니면 나와 몇몇 사람들이 꿈꿔 왔던 멋진 생각일 뿐인가? 난 성경을 꺼내서 하나님께 여기에 대해 내게 말씀해 달라고 간구했다. 집안의 어려운 상황을 처리해야 했던 아주 힘든 한 주였다. 만일 이것이 하나님의 뜻이라면, 왜 그분은 하고많은 날 중에 오늘을 선택해서 모든 상황을 수면 위로 떠오르게 하셨을까?

내 성경은 아모스 8장에서 펼쳐졌고 즉시 내 눈에 두 구절이 들어왔다. 첫 번째는 2절이었다: "내 백성 이스라엘의 끝이 이르렀은즉." 두 번째는 9절이었다: "그 날에 내가 해로 대낮에 지게 하여 백주에 땅을 캄캄케 하며."

바로 그날, 1999년 8월 11일, 정오 직전에 개기일식이 있었다. 이것은 내가 취해야 할 결정과 행동에 하나님이 임재하시는 놀라운 표징으로 내게 다가왔다.

(피파 리처드, 교회 사역자)

### 전략과 목표 – 우리는 어떻게 우리의 야망을 성취하는가?

음악가 아더 슈나벨은 모든 음을 연주하며 소나타 전곡의 구성을 외울 수 있는 까닭에 위대한 피아니스트의 한 사람으로 거론된다. 스티븐 코비는 「성공하는 사람들의 7가지 습관」이란 책에서 우리에게 끝을 염두에 두고 시작하라고 촉구한다. 그는 "만일 사다리가 바른 벽에 기대어 있지 않다면, 우리가 걸음을 뗄 때마다 우리는 잘못된 장소에 더 빨리 도달한다"고 말한다. 긴 안목으로 결정한다는 것은 이와 관련해서 하루하루 우리의 일을 하는 것이다. 자기 직업에 확신이 없는 사람들에게 나는 늘 자신의 일이 마치 평생 직업인 것처럼 일하고 장기적인 관점을 가지고 일을 대하라고 충고한다. 장기적인 목표를 좀 더 단기 목표로 세분화하는 것도 유익하다. 우리의 야망은 거의 예상 가능한 행로를 따라 움직이지 않으므로 이 목표들은 정기적으로 검토해 보아야 할 필요가 있다. 하지만 그 목표들은 눈에 보이는 선에서 더 가깝고 더 달성 가능하기 때문에 이는 여전히 유용하다. 예를 들어, 이사가 되겠다는 목표를 달성히기 위해서 우리는 단계마다 목표에 도날할 준비가 되어야 한다. 이것은 전략적으로 부서를 바꾸는 것일 수도 있고, 목표를 마음에 품고 훈련 과정을 선택하고 의식적으로 우리가 동경하는 직업을 가진 이들로부터 경영 기술을 배우는 것이다.

꾸준한 발전은 불가피하게 다가오는 방해물을 처리하는 데 자신감을 키운다. 신명기 7장 22~23절에서 모세는 이스라엘 백성들에게 약속의 땅에 대해 연설을 한다: "네 하나님 여호와께서 이 민족들을 네 앞에서 점점 쫓아내시리니 너는 그들을 급히 멸하지 말라 두렵건대 들짐승이 번성하여 너를 해할까 하노라 네 하나님 여호와께서 그들을 네게 붙이시고…." 목표에 도달하기 위해서 우리는 충분히 준비되지도 않았는데 너무 지나치게 덤벼들곤 한다. 단계에 따라 전진할 때, 우리는 가는 길에 놓인 장애물을 제거할 수 있다.

직장에서 5년 정도 근무한 후 나는 승진에서 누락되었다. 나는 낙심해서 고위 경영진에서 내게 뭘 말하려는 건지 궁금해 했다. 드디어 나는 어떤 조직에서나 헌신은 양방향이며 고용주와 직원 양쪽에 의무를 부여한다는 생각을 했다. 나는 남아 있기로 결정했다. 직업적 성공이란 곧게 뻗은 상향선으로 발전하는 경우는 별로 없고 오히려 계단이나 고원 형태가 많다. 나는 내 일에 더욱 초점을 맞추고 다음 번 승진을 목표로 삼았다. 좌절 없이 야망이 달성되는 경우가 드물지만, 이런 좌절은 바로 성공을 향한 도약판이 된다.

때로 우리는 사고의 패러다임 전환이 필요하다. 우리는 고정관념을 벗어나 생각할 필요가 있다. 유럽 항공 회사의 회장은 그가 항공사의 상황을 호전시킨 경험이 오히려 사람들을 설득하는 역할을 해서 넘기 힘든 장벽을 통과했으며, 그때 그들이 발견했던 장벽은 마분지 벽에 지나지 않았다고 말해 주었다. 당신에게 놓인 장애물도 생각보다 더 얇을지 모르고, 이것이 한번 깨어지면 기회의 문이 될 수도 있다.

## 파괴와 기만 – 우리는 어떻게 위험을 피하는가?

삶에서 야망을 통제하지 못한다면 그 때문에 파멸할 수도 있다. 셰익스피어의 연극 〈헨리 8세〉의 끝부분에 울지 추기경은 토마스 크롬웰의 임종 자리에서 이렇게 말한다.

> 내가 왕에게 쏟은 열정의 반만이라도 열심히 하나님을 섬겼다면, 내가 이 나이에 적들에게 벌거벗은 채 넘겨지지는 않았으리라.

우리의 야망이 하나님 나라의 확장이라는 맥락에서 분리된다면, 이는 우리를 파괴할 위험이 있다. 울지의 경우, 헨리 8세를 섬기는 것이 하나님을 섬기는 것보다 앞섰다. 이와 비슷하게 우리가 진짜 목적을 놓치면 우리의 직업은 그 자체가 쉽게 목적이 되어 버린다. 우리는 끊임없이 하나님을 우리 목표의 근원이자 삶의 인도자로 인정해야 한다.

나는 야망이 통제 불능일 정도로 넘쳐 자기 자신뿐 아니라 그들의 가족과 사업체까지 파괴한 사람들을 알고 있다. 한 탁월한 컨설턴트가 내게 주의해야 할 경계의 징후를 얘기해 주었다. 과대 망상에 가깝게 다른 사람들을 의심하는 것이나, 다른 이들의 실패에 흡족해 하고, 인신공격을 즐기며, 충고나 사랑을 받아들이지 못하는 것, 자기중심주의와 자신은 늘 옳다는 확신, 자신의 인생에 대한 고질적인 불만 등을 말이다. 우리는 "만물보다 거짓되고 심히 부패한 것은 마음이라"(렘 17:9)는 것을 기억해야 한다. 그러므로 우리가 야망을 가벼이 대하고 자기기만을 피하려면, 우리는 성령께 우리가 지닌 진짜 의도를 보여 달라고 간구해야 한다. 또 우리가 알고 신뢰하는 주변 사람들에게 책임을 져야 한다.

다음의 질문들은 진로 지도에 대한 유익한 지침이 될 수 있다: 나는 기도하고 예배하면서 하나님이 이 문제를 제기하신다는 확신을 가졌는가? 아니면, 계속 사소한 불평만 늘어놓았는가? 내 야망은 너무나 사적인 것이어서 그에 대해서는 말하고 싶지 않은가? 이는 숨길 수 없는 방종의 징후일 수도 있다. 다른 이들이 설령 완전히 이해하지 못한다 하더라도 이 비전 안에 하나님이 계신다는 걸 믿는가? 만일 우리가 이 질문에 대한 답에 만족한다면, 이것은 긍정적인 표시다.

시대를 통틀어 가장 위대한 크리켓 선수 중에 드는 도날드 브래드맨은 자신이 보기에 완벽해질 때까지 정기적으로 크리켓 방망이로 골프공을 치곤 했다. 그가 한 번 이를 완벽히 하면, 더 큰 크리켓 방망이로 더 큰 공을 치기는 비교적 쉬운 일이기 때문이었다. 우리 세대는 헌신과 '인내심'이 부족하지만, 하나님이 주신 우리의 야망을 추구하는 데는 훈련과 인내가 필요하다. 예수님은 자신을 보내어 하나님이 하라고 시키신 일을 이루기를 열망하셨다(요 4:34). 그분은 성부 하나님의 말에 계속해서 귀를 기울이고 온전히 그의 임무에 초점을 맞추셨다. 십자가에서 그분이 최후로 하신 말씀은 "다 이루었다"(요 19:30)였다. 우리의 목적은 그분이 우리를 위해 준비하신 과업을 완성하고 하나님이 주신 소명 안에서 예수님을 닮아 가는 것이다.

그 어느 때보다 우리는 일터에서 열정을 가진 그리스도인들이 필요하다. 그들 스스로 벅찬 도전과제를 설정하지만, 또한 진정한 열망은 개별적으로 성취되는 것이 아님을 인정하는 사람들 말이다. 우리는 서로에게 설명할 책임이 있고 다른 사람들에게 그런 책임을 요구해야 한다. 우리가 낮은 지위에 머무르는 것을 하나님이 더 좋아하신다거나, 그렇지 않으면 우리가 사회에 영향을 미치지 못할 거라는 인식은 불식해야 한다. 바울은 하나님이 그에게 주신 열망을 완전히 달성하기 위해 분투하며 전진했다. 이런 확신을 지니고 그는 상상할 수 있는 어떤 역경 속에서도 견뎌내어, 결국에는 "내가 선한 싸움을 싸우고", "달려갈 길을 마치고"(딤후 4:7)라고 말할 수 있었다. 이것이 우리 인생의 사명이 되어야 한다.

# 힘든 결정들
# Tough Decisions

# Tough Decisions

　오늘날 우리는 이전 어느 때보다 지식이 넘쳐난다. 우리는 데 이터베이스에 접근하고 인터넷을 항해하며, 대륙을 가로질러 의사소통할 수 있다. 하지만 다루기 힘든 결정을 해야 한다는 과제는 전혀 쉬워지지 않았다. 우리는 구글 없이는 거의 살 수 없다. 지식이 저 밖 어딘가에 존재한다면, 즉시 이용할 수 있다. 그러나 지식은 늘어났지만, 지혜는 부족하다. 그러면 우리는 일터에서 어떻게 힘들지만 지혜로운 결정을 내릴 수 있을까?

　한 고참 주식 중개인이 직장에서 일반적으로 도덕적인 관점을 유지한다는 것은 가능하지 않다고 말했다. 냉정한 선택도 해야 하고, 타협도 하고, 진실도 때로는 '조건부'가 되어야 한다고 말이다. 우리는 모든 사람이 게임의 법칙을 알고 '직장을 교회처럼' 여기지는 않는 현실적이고 상업적인 세상에서 살고 있기 때문이다. 그러므로 사업 세계에는 특별 규칙이 적용되어야 한다.

　나는 결코 이런 사실을 용납하지 않았다. 의료 윤리, 사이버 윤리 그리고 사업 윤리는 다양한 복합성을 지닌 여러 가지 선택의 영역을 설명하지만, 그 선택은 늘 동일하고 객관적인 성경적 기준에 바탕을 둔다. 선택에는 옳은 것과 그릇된 것이 있는 법이다. 세상에서 가장 부자 중 한 사람인 솔로몬 왕은 "지혜로운 마음을 종에게 주사 주의 백성을 재판하여 선악을 분별하게"(왕상 3:9) 해 달라고 기도했다. '부적당한'과 '비생산적인' 같이 만들어진 모든 용어들은 마땅히 그렇게 설명되어야 할 옳고 그른 행동 방향이 있다는 단순한 윤리적 사실을 회피해 보려는 노력이다. 이것은 복잡하고 도덕적인 질문에 즉각적이고 분명한 답이 존재함을 의미하지는 않는다. 오히려 우리가 결론에 도달하기 위해서는 빈번히 거쳐야 할 과정이 있다. 상업상의 결정이라는 혼돈의 미로를 빠져나갈 나침반을 찾으면서, 나는 유익한 결정을 내리는 네 가지 방법을 발견했다. 첫째, 하나님과 우리의 관계는 우리가 내리는 모든 결정의 배경이 된다. 우리는 행동의 도덕적 뼈대를 부여하는 성경을 찾아본다. 두 번째로 우리에겐 성경 곳곳에서 강조되고 "오라 우리가 서로 변론하자"(사 1:18)는 선지자 이사야의 초청에서 엿보이는 추론 능력이 있다. 셋째로, 우리에게는 어거스틴이 "내면에서 울리는 진리의 조용한 외침의 일종"이라고 부른 양심이 있다. 이것은 우리가 신을 향해 나아가도록 촉구하는 영이다. 마지막으로 우리의 결정이 우리 자신뿐 아니라 다른 사람에게 미치는 영향을 평가할 필요가 있다. 이 모든 것이 나란히 일치할 때 우리는 가장 훌륭한 결정을 하게 된다.

## 결정과 가치 – 일관성을 지키는 법

힘든 결정을 내리는 것은 일터에서 가장 중요한 문제 중 하나다. 우리는 선택을 할 때 분명하고 강하며 단호해야 한다. 물론 모든 사람은 결정을 내릴 때 종종 어떤 가치에 근거해서 결정을 내린다. 직장에서는 모두 일정한 공동 가치를 공유한다는 불문율이 있지만, 이 경우는 그렇지 않을 수도 있다.

어떤 고객이 자신의 사업에 대한 중요한 정보를 인수업자에게 전달해 달라고 요청했다. 나는 전달하는 것을 잊어버렸고, 결국 내 고객의 보험정책에 대해 인수업자는 지극히 제한된 결정을 내렸고, 고객은 불쾌해했다. 내가 처음 보인 반응은 이것이 내 실수임을 숨기는 것이었다. 그냥 인수업자의 실수로 넘겨 버리는 게 쉬웠을 텐데 나는 한동안 이를 해결할 최선의 방법을 찾아내려 애썼다. 하지만 그러자 나는 점점 수치심이 커졌다. 소리 죽여 기도하는 가운데 나는 내가 해야 할 일은 오직 고객의 분노를 감수하고 그에게 이건 내 실수라고 얘기하는 것임을 깨달았다. 그래서 나는 그에게 전화를 걸어 사실대로 말했다. 그의 반응은 나를 놀라게 했다: "걱정 말아요. 당신이 실수를 전혀 안 했다면, 그건 당신이 아무 일도 안 하고 있었다는 뜻이니까요." 나는 이 사건으로 많은 것을 배웠고 일터에서 내 가치관대로 살아 나가는 것에 대해 더욱 확신이 생겼다.

(폴 그로브즈, 보험 중개인)

모든 사업상 추문의 핵심에는 옳고 그름뿐 아니라 안타깝게도 처벌을 피하고 무사히 넘어갈 수 있는지에 대한 판단을 행하는 개인이 있다. 규제의 필요성은 있지만, 이런 게임의 법칙들은 원리일 뿐 신앙에 근거한 가치관을 대체할 수는 없다. 우리의 신앙과 마찬가지로 우리의 가치는 삶의 모든 영역에서 우리의 결정에 영향을 미친다. 이런 점에서 소위 개인적인 결정과 업무 관련 결정 사이에는 아무 차이가 없다. 정직은 우리 행동이 원리와 일치하고 단절되지 않을 때 사용하는 단어다. 공인들의 삶의 가치가 그들이 권면하는 바와는 달라 보일 때 이 문제는 첨예하게 대두된다. 우리의 삶을 각자의 규칙을 지닌 개인적 영역과 직업적 영역으로 분리해서 구분할 수는 없다.

몇 년 전에 나는 주요 고객이 준비한 여행에 우리 회사를 대표해서 이탈리아에 갔다. 어느 날 저녁 우리 열 명(모든 남자들)은 저녁을 먹으러 나가서 클럽으로 향했다. 그날 저녁 모임을 주선한 사람이 다음 장소에서 여성 파트너를 대기시킨 게 분명했다. 돌아가는 상황을 알고서 나는 무리에 휩쓸려 다음 장소로 가는 택시에 타지 않으려고 재빨리 움직였다. 나는 교묘히 화장실로 피했고, 윤리적인 지지와 생각할 시간을 얻기 위해 아내에게 전화했다. 그런 다음 택시를 다시 잡아타고 호텔로 돌아왔다. 다음 날 아침, 나는 확실히 소외감을 느꼈다. 한 남자가 내게 이런 말을 던졌다: "뭐든 노는 게 남는 거야." 내가 비밀을 발설치 않을 거라는 걸 확인하는 느낌이었다. 다른 사람들은 내가 그들과 함께 동참하지 않았다는 걸 딱하게 생각하는 인상을 받았고, 그럼에도 비판받는다고 느끼는 듯했다. 옳은 선택이긴 했지만, 이 일은 나와 그들과의 관계에 역효과를 미쳤고 어떤 차원에서는 꽤 오래 지속되었다. 하지만 이런 내 태도에 주목한 어떤 사람이 최근 나와 함께 일하고 싶다고 제안해 왔다.

(알렉스 리, 재무 이사)

## 실제 단계 – 우리는 어떻게 현명한 선택을 하는가?

### 1. 하나님의 지혜를 따른다
지혜는 옳은 바를 알고 행하는 것으로 하나님에게서 비롯된다.

현대어로 된 「메시지」 성경의 역자 유진 피터슨은 잠언의 서두에서 지혜를 이렇게 설명한다.

> 지혜는 일상에서 하늘의 영광이 땅에도 이루어지는 것을 일컫는 성경적 용어다. 지혜는 우리가 맞닥뜨리는 모든 실제 상황에서 발견하는 노련한 삶의 기술이다. 정보나 지식 자체는 실제로 지혜와 아무 관련이 없다. 대학 학위는 지혜의 증명서가 되지 않을 뿐 아니라 그것이 우리에게 중대한 도덕적 영향을 미치긴 해도 우리를 도덕적 진흙 구덩이에 빠지지 않게 하는 것과는 근본적으로 별 관심이 없다. 지혜는 우리 부모님을 공경하고 아이들을 키우고, 돈을 관리하고, 성생활을 영위하며, 직장에 가고 리더십을 발휘하며, 말을 잘 사용하고, 친구에게 친절하게 대하고, 건강하게 먹고 마시며, 우리 내면의 정서와 다른 사람을 대하는 태도를 개발하여 평화를 이루는 데 익숙해지는 일과 연관된다. 이런 일들을 초지일관 관통하는 주장은 우리가 생각하는 방식과 하나님께 반응하는 태도가 우리가 할 가장 실제적인 일이라는 것이다. 일상의 실제성이라는 면에서, 어떤 것도, 절대로 그 어떤 것도 하나님보다 우선할 수 없다.

성경을 규칙적으로 읽고 하나님의 진리를 묵상하며 우리는 지혜의 저장소를 키우고 성경적 세계관을 형성한다. 여러 상황에서 하나님의 행하심에 대한 유익한 사례 연구를 제시하는 다른 그리스도인들에 대한 책을 읽으며 우리의 묵상도 보충될 수 있다. 이런 식으로 튼튼한 기초를 닦으면 우리가 어려운 결정을 내려야 할 때 대단히 도움이 되며, 마치 성경이 구글이라도 되는 것처럼 필사적으로 금방 답을 찾으려고 미친 듯이 뒤적이는 일은 하지 않게 된다.

결정적인 선택에 직면할 때, 우리의 첫 반응은 뒤로 물러나는 것이다. 우리 마음을 차지하는 우세한 문제가 마음 앞자리를 차지하고 있을 때 마음의 여유를 갖기란 어려울 수 있다. 아주 중요한 문제에 직면한 사람들은 이틀은 하나님께 나아가 간구하길 권한다. 하루 정도는 그냥 하는 일 없이 보낸다. 희미하게 드러나는 결정과 마주하는 일이 얼마나 기력을 소모하는지 놀라울 뿐이다. 그래서 육신의 힘을 회복하기 위한 휴식은 꼭 필요하다. 이틀째는 계속 어떤 특정한 결정을 두고 기도하지 않는 것이 좋다. 오히려 이 시간을 하나님의 성품과 그분이 대체로 세상에서 행하시는 길과 하나님의 백성을 향해 품으신 전반적인 계획에 대해 묵상하는 시간으로 삼도록 한다. 더 큰 맥락을 위한 이런 추구는 우리 마음속의 결정을 끊임없이 휘저음으로 인해 심한 압박감을 누그러뜨린다. 이런 시간을 보내야 또 시각이 넓어져 더욱 폭넓은 관점, 하나님의 관점에서 결정이 이루어지게 된다. 우리는 그분의 생각은 우리의 생각과 다르고 그분의 길은 우리의 길과 다르다(사 55:8)는 사실을 끊임없이 상기해야 할 필요가 있다.

## 2. 복잡한 문제를 단순하게 만든다

힘든 결정을 내리는 우리의 능력은 기술적인 능력과 함께 향상된다.

> 아동 보호 분야에서 일하는 내가 마주치는 가장 어려운 결정은 아동을 가정에서 격리시켜야 할 때가 언제인지 결정하는 것이다. 특히 한 가지 복잡한 사례가 있었는데, 그때는 오랜 시간 고민했었다. 내 결정은 그 뒤 재판에 회부되었고 스트레스도 많이 받았지만, 결국 법정은 내 판단을 지지하고 내 결정에 손을 들어 주었다. 내가 깨달은 것은 일을 하고 이런 결정을 하는 데 필요한 기술을 내가 실제로 소유했다는 것이었다. 절대로 쉽지는 않았지만 이런 법정 사태까지 가면서 나는 더욱 자신감을 느꼈다.
>
> (바네사 클라크, 사회사업가)

우리가 하는 일의 전문성을 이해할 필요가 있지만, 기술적인 복잡성과 중요한 근본 선택을 혼동케 하는 진짜 유혹이 있다. 오마르 브래들리 장군의 말을 빌면 "우리는 과학 기술의 거인과 도덕적인 난장이들로 가득한 나라가 되었다."

일터에서 어려운 결정을 해야 할 때, 나는 가장 단순한 형태로 이를 축소시키려 노력한다. 최소한의 단어를 사용해서 문제를 기록하는 것이 유익할 수 있다. 대부분의 복잡한 결정은 어렵긴 해도 근본적으로는 단순한 문제다. 사실들과 타인의 의견, 우리 자신의 생각과 혼란스런 심리적 동기들이 쌓인 거대한 산이 사라지고 오로지 단순함 속에서 진정한 선택을 바라보는 데는 시간이 걸린다. 우리는 회의에서 "하지만, 진짜 문제는 바로…"라는 말을 얼마나 자주 듣는가?

### 3. 문제에 귀 기울이기

우리는 늘 일상적인 일을 하는 가운데 일정한 범위의 문제들을 다루어야 한다. 그러므로 예수님이 누가복음 20장에서 서로 다른 세 가지의 어려운 질문을 다루신 방법에 주목하는 것이 도움이 된다. 첫 번째 질문의 경우, 예수님은 성전에서 사람들을 가르치고 계셨다. 장로들이 그분께 다가와 물었다: "당신이 무슨 권세로 이런 일을 하는지 이 권세를 준이가 누구인지 우리에게 말하라"(눅 20:2). 예수님은 물론 그들이 그분을 시험하는 것임을 아시고 이렇게 되물으셨다: "내게 말하라 요한의 세례가 하늘로서냐 사람에게로서냐"(눅 20:3~4). 질문한 이들은 이제 딜레마에 빠졌다. 만일 그들이 "하늘로서"라 말한다면, 왜 그들은 요한을 믿지 않았는가? 하지만 "사람에게로서"라고 말한다면, 다들 요한을 선지자로 생각했으므로 자신들이 돌에 맞지 않을까 그들은 두려워했다. 그들은 "어디로서인지 알지 못하노라"(눅 20:7)는 대답으로 발뺌한다. 그렇게 해서 예수님은 그들의 질문을 비껴간다. 모든 질문에 다 대답해야 하는 것은 아니다. 예를 들어서, 고객을 대신해서 협상을 할 때 이걸 기억해야 한다. "이것이 정말 당신 고객의 최종 제안이죠?" 같은 부당한 질문에는 "한번 검토해 주셨으면 해서 공개적으로 내놓는 제안입니다" 하고 말하는 것이 좋다.

두 번째 경우, 예수님은 대단히 빈틈없는 대답을 하신다. 서기관과 바리새인들은 예수님을 책략으로 쓰러뜨리려고 첩자를 보내어 예수님께 이렇게 묻는다: "선생님이여 우리가 아노니 당신은 바로 말씀하시고 가르치시며 사람을 외모로 취치 아니하시고 오직 참으로서 하나님의 도를 가르치시나이다 우리가 가이사에게 세를 바치는 것이 가하니이까 불가하니이까"(눅 20:21~22). 말 첫머리에 그들은 예수님께 아첨의 말을 늘어놓는다. 마치 영업사원이 회의에서 다음과 같은 고객들의 이야기를 듣는 것과 같다: "이건 우리가 본 것 중에 가장 좋은 제품 같아요. 우리한테는 안성맞춤이네요. 너무 좋아서 우리도 당장 더 주문하고 싶습니다." 그렇지만 그 뒷말에는 씁쓸한 가시가 있다: "그런데 가격이…." 예수님의 이야기에서 숨겨진 가시는 바로 이 질문이다: "우리가 가이사에게 세금을 내는 것이 맞습니까, 틀립니까?" 이것은 (만일 세금을 낼 필요가 없다고 그분이 말씀하시면) 예수님을 반역죄로 고발하거나 (세금을 내야 한다고 말씀하시면) 가이사의 편을 드는 백성의 압제자로 보이게 하려고 만들어 낸 질문이다. 예수님은 두 가지 대답을 모두 다 피하신다. 그분은 그들에게 동전을 달라고 한 뒤 가이사의 초상을 가리키시며 이렇게 대답하신다: "그런즉 가이사의 것은 가이사에게, 하나님의 것은 하나님께 바치라"(눅 20:25). 질문자의 선택이 양극으로 달라지는 질문을 받는다면, 꼭 주어진 선택에 대답을 제한시킬 필요는 없다. 일터 상황에서 도 아니면 모로 대답할 수밖에 없을 때는 각도를 좀 달리해서 문제에 접근하는 것이 좋다.

세 번째로 사두개인들은 남편이 일곱 있던 여자가 천국에서는 누구의 아내가 되느냐는 특히 복잡한 문제를 물어 온다(눅 20:27~33). 어렵지만 정당한 질문이므로 예수님은 도움이 되는 확실한 대답을 해 주신다. 질문의 진짜 목적이 직접적인 응답을 원하는 것일 때는 대답을 해 주어야 한다.

그래서 종류가 다른 세 가지 질문에 우리는 서로 다른 세 가지 대답을 듣는다. 첫 번째는 책략이 있는 질문으로 예수님은 대답하지 않으신다. 두 번째는 함정에 빠뜨리기 위해 고안된 복잡한 질문으로 예수님은 이를 분별하고 피해 가신다. 세 번째는 정직한 대답을 해 줘야 할 정당한 질문이다. 이렇게 질문의 성격을 분별하는 데는 성령의 도우심이 필요하다.

대답에 적절히 대처할 수 없다면, 아예 질문을 하지 않는 것이 중요하다. 나는 어떤 고객으로부터 쿠바의 미사일 위기 때 미 국방장관이던 로버트 맥나마라가 러시아의 외무상인 안드레 그로미코와의 대화를 이렇게 회고했다는 얘기를 들었다. 맥나마라는 일부러 "쿠바에 핵미사일이 있습니까?" 같은 직접적인 질문은 피했다. 그는 외무성이 그에게 거짓말을 하지 않을 것이므로 "그렇다"고 대답하리라는 것을 확신했다. 그런 단정적인 대답은 즉각 침공으로 이어질지도 모를 일이다. 대답이 함축하고 있는 의미가 다루기 너무 민감한 문제라 그는 현명하게도 그런 질문은 하지 않았다. 위기는 비껴갔고 아마 이런 억제가 그 결과에도 영향을 미쳤을 것이다. 누가복음에 나오는 젊은 부자 관원은 예수님께 자신이 영생을 얻으려면 무엇을 해야 하는지 물었다. 그는 모든 것을 팔아서 가난한 자들에게 나누어 주라는 대답을 감당하지 못해 실망한 채 그곳을 떠났다.

### 4. 결과를 고려하기

매일 일터에서 행해지는 많은 어려운 결정들은 장기적인 의미보다 단기적인 중요성을 참작하라는 요구를 받는다. 예를 들어, 단기간 돈을 쓰는 것은 괴로운 일이지만 장기간의 투자는 이익을 가져올 것이다. '단기주의'는 결정을 하지 못하게 만든다. 우리는 앞날의 상황에 비추어 즉각적이고 힘든 결정을 내리는 버릇을 들여야 할 필요가 있다. 예수님은 이렇게 말씀하셨다: "너희 중에 누가 망대를 세우고자 할찐대 자기의 가진 것이 준공하기까지에 족할는지 먼저 앉아 그 비용을 예산하지 아니하겠느냐"(눅 14:28).

어려운 결정을 할 때 우리는 하락세로 돌아설 위험을 잘 처리하고 상승이 자연히 이루어지게 해야 한다. 일이 잘못될 경우 잠재적 손실에 더 많은 주의를 기울여야 하는데 보통은 잠재수익을 따지는 데 더 많은 시간이 할애된다. 우리의 결정이 다른 사람들에게 미치는 영향 역시 고려해야 한다.

> 작년에 내 사업체는 구조조정을 하지 않으면 안 되는 상황에 이르렀다. 이는 아주 뼈아픈 경험이었고, 이제껏 내가 내린 가장 힘든 결정에 속했다. 어쩔 수 없이 고용법의 요구에 따랐지만, 개개인에게도 공정하고 온정을 베풀려고 노력했다. 나는 직원들 모두 빨리 그들의 적성에 맞고 가족의 재정적인 필요를 채울 새 일자리를 찾게 해 달라고 기도했다.
>
> (레이 윌킨슨, 인사관리팀장)

## 5. 전략 수행

일단 결정을 내리면, 이를 수행할 최선의 방법을 생각할 필요가 있다. 그리스도인으로서 우리의 소명은 "뱀 같이 지혜롭고 비둘기 같이 순결"하게 되는 것이다(마 10:16). 하지만 특히나 우리가 이렇게 살아가도록 부름 받았다고 믿는다 해도 그대로 실행하기란 얼마나 어려운지. 지혜로운 청지기의 비유(눅 16:1~9)에서, 이 청지기는 지혜롭지만 불의하기 때문에 그의 지혜로움만 본받도록 권장된다. 그러므로 우리 목표는 세상 물정에 밝고 명철하고 전략도 잘 쓰면서 동시에 정직함으로써 지혜로워지는 것이다. 다니엘이 바벨론 궁정으로 잡혀갔을 때, 그는 왕이 제공하는 정결하지 못한 궁정 음식과 포도주로 자기를 더럽히지 않기로 결단했다(단 1장). 하지만 전면적으로 거절하는 대신 환관장에게 채소만 먹도록 허락해 달라고 호소했다. 환관장이 주관하는 사람들의 얼굴이 좋지 않으면 환관장이 처형될 것임을 다니엘은 알고 있었다. 정면으로 맞부딪치기보다 그는 열흘간의 시험 기간을 달라고 제안했다. 이 특별식은 그들이 모두 괜찮아 보일 때만 계속될 것이었다. 환관장의 관점에서 상황을 고려하고, 그의 관심사를 진지하게 받아들여 실용주의적 행동노선을 취함으로써, 다니엘은 그가 원했던 바를 얻을 수 있었다. 하나님은 그를 축복하셨고 다른 누구보다 그를 더 튼튼하게 하셨다.

## 이익과 의무 – 둘 다 가질 수 있을까?

어려운 결정을 해야 하는 영역 중 하나는 사업이 이익 추구와 함께 돌아가는 넓은 사회의 필요를 따져 보는 법이다. 많은 이들은 기업이 더 폭넓은 문제를 수용하려 애써야 한다는 생각이 곧 주주들의 이익을 위해 수익을 최대화할 필요를 근본적으로 이해하지 못하는 것과 같다고 여긴다. 하지만 이익을 강하게 옹호하고 나섬과 동시에 점차 폭넓은 시각의 중요성도 인정되는 추세다. 결국 수익성 있고 효율적인 회사만이 더욱 폭넓은 기여를 할 수 있는 부가가치를 지니게 될 것이다. 동전의 양면처럼 권리의 뒤편은 의무다. 우리가 권리를 주장하는 경우는 너무나 많지만, 상호 의무를 수용하는 데는 소홀하다. 기업의 결정에 영향을 받는 것은 단지 주주만이 아니라 소비자와 고객, 고용인 그리고 회사의 운영 배경인 지역 사회임을 고용주는 인정해야 한다.

내가 보기에 이익에 이끌리지 않고 적절히 기업의 책임이 개발되는 것은 장기적 안정에 필수적이다. 주요 기업들이 책임감 있게 훌륭한 세계 시민의식을 가지고 행동한다면, 개발도상국과 선진국의 관계에서 파생되는 불화는 누그러질 것이다. 우리가 세계화의 유익을 최대한 널리 전하고 싶다면, 자유무역은 또한 공정무역이 되어야 할 것이다. 선진국에서 수출업자들에게 부과한 보조금과 선진국에서 시장을 찾는 개발도상국에 부과된 관세를 조절하는 데 세계무역기구가 실패했다는 것은 상당히 마음에 걸리는 일이다.

환경에 대한 강한 관심 역시 중요한 부분이다. 창세기의 첫 부분은 하나님께서 인간을 지상의 모든 물질 자원의 청지기로 삼으셨음을 분명히 한다. 자본주의가 허점은 많아도 이렇게 자원을 활용하는 데는 여전히 최선의 체제라고 나는 주장하지만, 그렇다고 효율성이 환경의 유지보다 더 중요시되어선 안 된다. 기업의 책임에 대한 이슈는 단지 상위 경영진만이 아니라 모든 직원들에게 중요하다. 나는 이런 얘기를 자주 듣는다: "당신은 괜찮지만, 누가 내 말을 듣겠어요?" 모든 직원들은 자신들의 사업장이 훌륭하게 운영되는 곳으로 여겨지길 원한다. 모든 직급의 전 직원들이 이 문제를 제기할 수 있도록 점차 적절한 대표진과 위원회들이 생겨난다. 이 문제에 관심이 쏠릴수록 더욱 이 부분에서 민감한 경영이 이루어질 것이다. 문화는 변화하고 있으며 단기적인 시장의 요구와 그보다 더 중요한 세계화의 장기적 효과들을 한데 결집해야 할 때가 왔다.

모든 직원들이 성별, 결혼 여부, 국적, 신앙, 배경 또는 성적 성향에 관계없이 자신들이 가치 있는 존재임을 아는 것은 중요하다. 다양성은 일련의 다른 관점을 제공하며 팀에서 균형 잡히고 더 나은 판단을 하게 한다. 우린 모두 하나님의 형상으로 만들어졌으므로 뭔가 내어놓을 것이 있다. 그리스도께서 오셨을 때, 그분은 사람들을 갈라놓는 장벽을 깨뜨리셨으며(엡 2:14), 함께 일하는 것은 이렇게 살아가는 한 가지 방법이며, 직원들이 그들 조직의 가치를 존중할 줄 아는 것도 중요하다.

성실을 변함없이 특징으로 삼는 은행에서 일하는 것이 내게는 막대한 장점이 되었다. 나는 사람들이 공정하게 내 가치관에 귀를 기울이고 장점에 따라 평가할 거라는 걸 늘 알고 있었다. 내가 하급간부로 일할 때, 업무가 낙태수술에 집중된 병원들에 재정 지원을 하는 것이 적절한지 아닌지에 대해 토론한 기억이 난다. 본능적으로 나는 이것이 잘못이라고 느꼈지만 다른 사람들이 동의하지 않는다는 것도 알고 있었다. 침묵을 지키는 것은 쉬운 선택이지만, 나는 의장에게 말을 해서 내가 걱정하는 부분을 설명하기로 작정했고, 여기에는 내 개인적인 도덕성과 은행의 평판 둘 다 연관돼 있었다. 놀랍게도 그는 이 두 가지 면을 모두 고려하는 것이 좋다고 생각했다. 최종 결정 회의에서 나는 우리가 결정을 내리면서 결국 분열되고 마는 일이 없기를 기도했다. 이 제안은 분명치 않은 이유로 기각되었지만, 문제를 제기한 것은 옳았다. 물론 모든 도덕적 문제에 똑같은 도덕적 강도로 맞부딪쳐야 하는 것은 아니다. 업무수행의 결함을 수정하는 데는 시간과 인내가 필요하다. 언제 안건을 밀어붙이고 언제 침묵을 지킬지 알기 위해서는 분별이 필요하다. 무엇보다 다른 관점을 가진 사람을 존중하는 마음이 탁월해야 한다.

### 삶의 유형 – 누가 이를 조성하는가?

우리는 일상의 생활에서 선택해야 할 일들에 부딪힌다. 우리가 어려운 선택을 하고 그 결과에 따라 살아가는 법을 배우는 것은 영적 전쟁에서 핵심적인 부분이다. 결정을 내리는 것은 우리가 인간으로 성장하는 가장 중요한 부분이다. 아무리 우리가 기도를 하고 하나님의 도움을 구한다 해도 늘 우리의 이해가 바르지는 않다. 우리는 인간이지 신이 아니기 때문이다. 그렇다. 옳은 판단을 내리면 즐겁지만, 실수도 하고 잘못된 결정을 내려 보거나 하지 않고서는 경험을 체득할 수 없음을 잊지 말자. 하지만 지혜는 경험보다 더 위대하다. 내 첫 상사였던 지그문트 바르부르크는 이 주제에 대해 이렇게 말했다: "어떤 이들은 이를 실망이라 부르며 더욱 비참해지지만, 다른 사람들은 이를 경험이라 부르며 더욱 풍성해진다."

우리의 결정들은 우리 자신의 즐거움만을 위해서가 아니라 하나님을 위해 사는 삶이라는 시각에서 내려져야 한다. 로마 교회의 성도들에게 편지를 쓰면서 바울은 세상의 압력이 우리의 삶의 모습을 결정짓지 못하게 하도록 촉구한다. 그는 이를 다음과 같은 말로 요약했는데, 나는 여기서 의사결정의 기초를 발견했다.

> "그러므로 하나님의 도우심으로 여러분들이 이렇게 하시기를 원합니다. 잠자고, 식사하고, 일터에 가고, 이곳저곳을 돌아다니는 여러분의 일상적인 평범한 생활을 하나님 앞에 제물로 드리십시오. 여러분이 그분을 위해 해 드릴

최고의 일은 하나님께서 여러분을 위해 하시는 일을 받아들이는 것입니다. 주변 문화에 너무 잘 순응해서 자기 생각조차 없이 휩쓸려 살아가는 일이 없어야 합니다. 그러는 대신 하나님께 주의를 집중하세요. 여러분의 내면에서부터 철저히 달라질 것입니다. 그분이 여러분께 원하시는 바를 기꺼이 인정하고, 즉각 반응하십시오. 여러분 주변 문화가 늘 여러분을 비슷하게 미성숙한 수준으로 끌어내리는 것과는 달리 하나님은 여러분에게서 최선의 것을 이끌어내시고 여러분의 내면을 훌륭한 모습으로 성장하고 발전시키실 것입니다"(롬 12:1~2, 「메시지」 성경).

일과 생활의 균형
# Work-Life Balance

# Work-Life Balance

 "정말이지 시간이 없어." 얼마나 자주 당신은 이런 절망적인 외침을 듣는가? 많아지는 활동을 해야 한다는 압박감은 점점 순식간에 만사를 덮어 버리지만, 우리가 더 열심히 일한다고 해서 거룩해지는 건 아니다. 우리의 일에는 적절한 긴장이 있어야 한다. 일과 생활의 균형은 이제 많은 인사 부서의 안건 목록 맨 윗부분을 차지한다. 사람들을 향해 무작정 기한도 없이 어마어마한 시간을 일에 쏟아 부으라는 요구가 지속될 수 없음은 명백하다. 프랑스에 본사를 둔 큰 국제 주류 회사의 소유주가 내게 한번은 길기로 유명한 프랑스의 휴일 대신 현금으로 일괄 지급하겠다고 제안한 적이 있었다고 했다. 40대의 직원들은 이 제안을 즉각 받아들인 반면, 20대들은 거절했다. 젊은 세대일수록 점점 일터에서의 생활과 밖의 생활이 균형을 이루는 올바른 생활방식을 추구하는 경향이 늘어 간다.

## 경쟁적 요구들 – 우리의 우선순위는 무엇이 되어야 하는가?

만일 우리가 대의를 달성하는 동시에 우리의 가치를 지키려 한다면 우선순위는 꼭 필요하다. 우선순위의 바른 순서는 하나님, 우리의 핵심 관계, 하나님이 우리를 불러 맡기신 일이라고 나는 믿는다. 대부분의 사람들의 경우, 핵심 관계는 배우자나 자녀, 아니면 절친한 친구관계 등이다. 그리고 하나님이 그들을 불러 맡기신 일은 주로 그들의 직업이 되겠지만, 거기에는 하나님이 주신 다른 활동이 포함될 수도 있다. 휴식도 중요하다.

> 나는 런던의 큰 투자은행에서 신흥시장 부채 금융 사업을 맡고 있었다. 내가 주로 집중한 분야는 라틴아메리카였는데 신흥국가들의 정부와 회사의 상부층 사람들과 접촉하는 까닭에 나는 이 일이 정말 좋았다. 여행을 다니면서 근무하는 시간도 늘었지만, 그만한 가치가 있었다. 우리가 이런 국가들의 경제적 발전에 이바지하고 있다는 느낌이 들었다.
>
> 어느 날 오후 나는 일터에서 굉장한 뉴스를 들었다. 우리 회사가 브라질에서는 최초로 어떤 회사의 200만 달러 재정 확보를 위한 입찰 대회의 최종 단계까지 진출했다는 것이다. 우리는 상당한 자금을 확보해서 우리가 아직 뚫지 못한 거대 시장의 신용을 얻으려 애쓰는 중이었다. 나는 아내와 석 달 된 딸아이와 조금 시간을 보내려고 집으

로 달려갔다. 브라질 회사의 이사회와 저녁 8시에 세부 회의 전화가 예정돼 있었다. 나는 우리가 제시하는 자금 확보 전략을 설명하고 질문 공세에 답할 생각이었다. 30분 후면 그들은 함께 일할 은행을 선택할 것이다. 나는 흥분에 가득 차서 집에 도착했지만, 아내는 그저 아기와 젖병을 넘겨주었을 뿐이었다.

"이거요." 그녀가 말했다. "당신이 제시간에 와서 정말 다행이에요. 난 지금 당장 저녁 먹으러 나갈 거거든요."

"무슨 저녁?"

"왜 말했잖아요, 질(그녀의 상사였다)이 샌프란시스코에서 와서 딱 하루 있다 가니까 직원들 다 같이 저녁 식사하기로 했다고. 잊었단 얘긴 하지 말아요."

"잊었어." 나는 풀죽은 목소리로 말했다. "한 시간 뒤에 브라질 사람들하고 이번 계약 최종 결정 때문에 통화해야 해. 이 전화 못 받으면, 이번 사업은 실패하는 거야."

나는 울컥 화가 치밀어 오르는 기분이었지만, 솔직히 아내가 저녁 식사에 3시간이나 늦게 간다는 건 불공평한 일인 걸 알았다. 나는 딸아이 릴리를 껴안고 일이 잘 풀리도록 기도했다. 하지만 별로 기대는 하지 않았다.

45분 후에 전화가 울렸다. 나는 릴리와 까꿍 놀이를 하고 있었다. 회의 통화를 하려고 하자, 릴리는 85데시벨로 울어대기 시작했다. 나는 다른 사람들이 우리 대화를 듣지 못하도록 재정 담당 이사인 세르지오에게 따로 전화를 받게 하려 했지만, 그는 눈치를 채지 못했다.

"세르지오, 미안하지만 지금 당신과 통화할 수 없어요. 도저히 안 되겠어요." 뉴욕에 있는 내 팀원 두 사람과 상파울로에 있는 팀과 그쪽 이사회 전원이 듣는 가운데 나는 이렇게 말을 꺼냈다.

"마일즈, 지금 설명해야 해요. 이제 막 결정할 겁니다."

"안 돼요. 미룰 방법이 없을까요?"

"안 됩니다! 오늘 오후에 말했잖아요. 뭐가 문제죠?"

"그게…" 나는 망설였지만, 사실대로 말하기로 결심했다. "제가 큰 실수를 했어요. 제 아내가 오늘밤 외출했어요. 아내가 상사하고 저녁 약속이 있다고 했는데 완전히 잊어버렸어요. 제가 일을 망치고 말았어요. 지금 저희 딸애를 돌보는 중이에요. 애가 울면 가 봐야 하거든요. 이 일로 여러분께 실망을 안겨 드리게 돼서 정말 죄송합니다. 결정을 하셔야 한다는 건 이해하는데 아무래도 제가 애초에 바랐던 만큼 여러분을 도와드리지 못할 것 같습니다."

"딸아이라고요? 이름이 뭐죠?"

"릴리예요."

"예쁜 이름이군요." 전화기 너머로 동의하는 웅성거림이 들려왔다.

"지금 아이가 울고 있나요?"

"예. 이렇게 돼서 정말 죄송합니다."

"걱정하지 마세요. 얼마나 걸릴 것 같습니까?"

"한 시간쯤 있다 재우려고요."

"아이가 잠들면 다시 전화하세요. 우린 계속 여기 있을 테니까."

나는 완전히 멍한 상태로 전화를 끊었다. 나는 릴리가 잠들 때까지 노래를 불러 준 다음, 다시 브라질 팀에 전화했다. 어리석게도 애 보느라고 계약을 날렸냐는 질타를 받을 게 두려워서 감히 뉴욕에 있는 동료에겐 전화할 엄두를 못 냈다. 세르지오와 전체 이사회는 아직도 기다리고 있었다.

"아이가 잠들었나요?" 그가 물었다.

"네, 잠들었어요." 나는 완전히 바보가 된 기분으로 대답했다.

"좋아요. 자, 당신이 우리한테 말하고 싶은 게 뭡니까?"

나는 프레젠테이션을 다 끝냈다. 정말 놀라운 대화였다. 나는 정신이 반쯤 나간 채 계약을 따내려고 모든 생각을 다 쥐어짰다. 오로지 내가 원했던 것은 이 사람들을 도와 그들의 관심사와 문제들을 해결하고 그들의 회사를 위해 가장 효과적인 결정을 내릴 수 있게 하는 것이었다. 마침내 그들은 협의를 하려고 전화를 끊었다. 30분 후에 그들은 다시 내게 전화를 해서 우리가 이 사업의 수주에 성공했다고 말했다. 나는 마냥 앉아서 전화기를 바라보았다. 나는 흥분해서 뉴욕의 동료들에게 작업 가동을 시작하라는 메시지를 남기고 하나님께서 나를 도와주셨음에 감사하며 잠자리에 들었다.

(마일즈 포터, 가치 회사 업무 사원)

직장 생활 초기에는 내 일에 헌신하면서도 핵심적인 인간관계에 더 우선순위를 두는 것이 어떤 것인지 상상하기 힘들었다. 굉장히 나를 자극하는 비밀스런 계약에 전적으로 집중하고 있노라면 위기의 순간이 찾아왔다. 너무 열중한 나머지 일주일은 아내와도 말을 하지 않았다. 그녀는 극도의 인내심을 발휘했지만, 주말쯤 되어서는 당연히 지독한 소외감을 느끼곤 했다. 나는 자기합리화를 하고 싶은 유혹에 저항해야 했다. 그러면서 이것은 올바른 삶의 방식이 아니므로, 다시는 이런 일이 없게 해야겠다고 나는 결심했다.

여행을 많이 다니는 까닭에 이제는 세계 어디에 있든지 아내와 대화를 하려 노력한다. 가능한 아내를 깨우지 않으려 하지만, 둘 다 대화를 하지 않는 것보다는 잠을 깨우는 편이 더 낫다는 결정을 내렸다. 전화통화를 하는 주된 이유는 아내가 내 생각과 마음의 앞자리를 차지하고 있음을 보여 주는 것으로, 그러기 위해선 매일 소식을 나누고 연락을 취하는 것이 중요하다.

나도 짧은 문자를 보내는 것으로라도 우리 아이들과 계속 연락을 취하려고 노력한다. 경기나 연주회를 보든 토론회에 가든, 아이들이 하는 일은 무엇이나 지지해 주는 것이 중요하다. 어쩔 수 없이 한창 바쁜 때라 즐겁게 보낼 시간이나 기분이 되지 않는다면, 이때가 일기에 뭔가를 기록할 순간이다. 바쁜 와중에 아이들과 아이들의 친구들을 데리고 사이먼과 가펑클을 보러 간 기억이 난다. 때때로 우리는 자극과 격려를 부족함 없이 유지할 필요가 있다. 우린 중요한 관계를 기억해야 하며, 계속해서 이를 유지해야 한다.

나는 정기적으로 연락하고 기도하는 친구들의 소그룹 모임이 있어 참 고맙다. 나는 여러 해 동안 연륜 있는 그리스도인들인 멘토들을 대체로 소중히 여겼고, 그들은 친절하게도 내게 시간과 지혜를 빌려 주었다. 나는 관심사를 일과 생활의 균형 이론에 귀 기울이는 것으로 한정했지만, 문제를 연구하고 발전하는 이들로부터 배우고 싶다. 우리는 모두 서로 도와야 한다. 변화를 만들어 내는 것은 경험이지 교과서가 아니다.

### 할 것인가, 말 것인가 – 우리는 어떻게 결정하는가?

작가 아놀드 베네트는 이렇게 말했다: "우리에게 시간이 더 주어지지는 않는다. 지금도 그렇고 이전에도 그랬지만, 존재하는 시간은 전부 우리의 것이다." 시간의 주인이 누구인가? 시간이 우리의 삶을 좌지우지하거나, 시간에 우리의 우선순위를 반영하며 단호히 행동하거나 둘 중 하나다. 하나님을 우리가 미리 짜 놓은 양식에 끼워 맞추려 하지 말자. 우리에게 그분의 방식에 따라 우리의 삶을 형성하는 것이 필요한 이유는 이것이 우리에게 좋은 것임을 알기 때문이다. 우리는 하나님의 목적을 이루지 못하도록 우리를 방해하는 힘을 깨닫고, 하나님이 시간을 초월해 우리에게 주신 권위를 행사해야 한다. 나는 다국적 기업의 신규 사업 개발자와의 조찬 모임에서 입안 문제를 의논하고 있었다. 그는 일 때문에 출장을 많이 다니지만 시간을 잘 짜서 주말에는 집에서 가족과 보내고 화요일에는 부부가 함께 지도자가 되도록 부름 받았음을 느끼는 교회 모임에 나간다. 그러려면 약간의 계획이 필요하며 어떨 때는 그룹 모임이 끝난 뒤 심야 비행기를 타고 일하러 떠나기도 한다.

자신의 세대에 최고 은행가였던 지그문트 바르부르크의 얘기를 기억한다. 그의 비서가 헐레벌떡 달려와 재무부 장관의 전화가 와 있는데 긴급한 용건이라고 했다. 이때 지그문트 경의 대답이 우리에게 많은 도움이 된다: "누구한테 긴급하단 말인가? 장관이야, 나야?" 이 말은 좀 건방지게 들릴지는 모르지만 핵심을 보여 준다. 시간의 청지기로서 우리는 뒤로 한 발짝 물러나 우리가 단지 그 순간의 긴박성에 따라 휘둘리지 않음을 확실히 해야 한다.

요한복음 11장 1~16절에 나오는 예수님의 이야기는 이런 사실을 잘 드러낸다. 그분의 친한 친구인 나사로가 아파서 거의 죽기 직전이었다. 그분의 모든 감각은 분명 빨리 가서 친구를 만나야 한다고 아우성쳤을 것이다. 하지만 예수님은 기다리셨고, 제자들이 당장 가자고 재촉했지만 그러지 않으셨다. 그런 가운데 그분은 가야 할 옳은 때가 언제인지 결정하셨다. 하지만 처음에 그분은 참으셨다. 때때로 우리는 하나님이 주신 목적을 이루기 위해 강하고 본능적인 감정을 억눌러야 할 필요가 있다. 먼저 본능적으로 반응하는 것이 반드시 옳은 행동의 수순은 아니다. 예수님은 더 큰 그림을 아셨고 결국 옳은 때에 나타나 나사로를 죽은 자들 가운데서 다시 살려내셔서 하나님께 영광을 돌릴 수 있었다.

예수님은 성부께서 하시는 것을 본 대로만 행하셨다(요 5:19). 우리의 일에서 하나님이 하시는 것 이상으로 하려고 애쓰는 것도 유혹일 수 있다. 나를 위한 하나님의 뜻만 행할 수 있고 더 이상은 안 된다는 걸 스스로 기억해야 한다. 억제는 우선순위에 대한 중요한 이해다. 우리가 "예"라고 말하기 위해서는 "아니오"라고 말해야 한다.

몇 년 전 나는 자선기금의 관리인이 되어 달라는 요청을 받았다. 나는 관계자들을 사랑했고 그들의 비전을 믿었다. 나는 요청이 들어와 으쓱했고 내면의 모든 면에서 "예"라고 승낙할 준비가 되어 있었다. 하지만 기도하는 동안 어쩐지 망설임과 함께 반신반

의하는 마음이 생겼다. 일과 다른 의무들의 균형을 이룬다는 것은 내가 거절해야 한다는 것을 의미했다. 승낙하고 싶은데 아니라고 말하는 일은 어렵다. 하지만 한 가지 일을 '거절'하는 것은 다른 일을 향한 길을 열어 줄 때가 많다. 시간 헌신이 원래 생각했던 것보다 훨씬 많고 내 능력 이상을 해야 하는 까닭에, 뒤이은 사건들이 그 결정이 옳음을 증명했다.

과도한 일터의 요구를 거절하는 법을 배우다 보면 기가 꺾이는 느낌이 들 수 있다. 추가 근무에 대한 거절을 정당화하기 위해서는 가족의 결혼식이나 주말여행이 사전 예약돼 있다든가 하는 거창한 구실이 필요할 것 같은 느낌이 든다. 하지만 한 걸음 물러서면, 휴식이 반드시 필요하다는 걸 모두들 알게 된다. 나는 건설적인 본업에서 벗어날 때 적어도 일주일에 하루 정도를 목표로 삼는다. 하루 정도 쉬는 것은 건강하고 이를 존중해야 하지만, 여기에 율법적으로 얽매여서는 안 된다(막 2:27). 많은 다른 사람들처럼 나도 가끔은 주일에 일하면서 보내야 할 때가 있다. 하지만 중요한 것은 이런 경우는 예외적인 것으로, 우리가 일을 계획하는 데 실패하고 나쁜 습관에 빠졌다거나 작업 형태가 확립되지 않아서가 아니라는 것이다. 시간 낭비 없이 일을 효율적으로 하는 법을 배우는 것은 우리가 훌륭한 시간의 청지기가 되는 데 필요한 훈련을 전개할 수 있는 중요한 성경적 원리다. 대부분의 회사들은 직원들에게 부당한 요구를 했을 때 어떤 부정적인 영향을 미치는지 안다. 그런 일이 생기면, 경영자와 이치에 잘 맞게 의논하는 것이 좋은 방법이다.

균형을 이루기 위해서는 종종 두 사람이 한계점에서 부딪쳐야 할 필요가 생긴다. 직접적이면서도 긍정적인 자세로 우리의 관심사를 알리는 것은 특히 일과 생활의 불균형을 해결할 뿐 아니라 업무가 이익을 창출하도록 영향을 줌으로써 다른 동료들에게도 유익이 되게 한다.

### 강박과 중독 – 우리는 어떻게 벗어날 수 있는가?

오늘날 '우상'이라는 단어는 많은 이들에게 '대중의 우상'처럼 좋은 의미로 유명인에 대한 예찬과 연결된다. 하지만 성경에서의 우상은 우리 삶에서 하나님을 밀어내는 것이다. 일중독증이나 알코올 중독, 쇼핑 중독, 포르노와 마약 같은 강박과 중독증은 모두 우상이다. 하나님만이 파괴적인 습관의 힘을 깨뜨리고 우리 삶에 균형을 가져오실 수 있다.

나는 예배가 끝날 무렵 한 젊은 증권 브로커와 함께 기도한 기억이 있다. 그는 내켜하지 않는 모습으로 자신이 코카인 중독이라고 내게 말했다. 그는 인생에는 무언가가 더 있어야 한다고 느끼지만, 하나님은 가까이할 수 없는 분인 것 같다고 느꼈다. 우리는 예수께서 강박과 중독을 포함한 모든 악의 힘을 십자가에서 깨뜨리셨다는 사실에 대해 얘기를 나누었다. 내가 그를 위해 기도할 때 성령께서 그에게 특별한 능력으로 임하셔서 그의 몸이 눈에 띄게 흔들렸다. 뒤이어 그는 가정 모임에 참여했고 비록 맑은 정신을 계속 유지하는 데 갈등을 겪기는 했지만 약물 의존이 사라져서 일을 성취하고 균형 잡힌 삶을 자유롭게 살게 됐다.

그리스도인으로서 가장 큰 고민은 자신의 삶에 의미를 부여하기 위해 일에 의존하는 것이라고 한 중역은 내게 말했다. 일중독은 어떤 마약류보다 심각한 중독일 수 있다. 얘기를 나누면서 우리는 그의 문제의 근본 원인의 많은 부분이 끊임없이 성취의 압력을 받았던 그의 유년기에 기인하고 있는 듯하다는 사실을 발견했다. 어쩐 셈인지 그가 한 일은 뭐든 그의 아버지의 성에 차지 않았던 것이다. 우리는 함께 기도했고 그는 자신이 문제가 있다는 걸 받아들여 인생 전략을 위한 전투 준비를 완료했다. 그는 자신의 중독을 통제하지 않으면 이것이 자신의 삶과 결혼 생활을 망칠 수도 있음을 알았다. 그는 책임지고 다시 삶의 균형을 회복시키기로 결심했다. 서류와 문젯거리를 집으로 가져오지 않고 낮 동안 효율적으로 일하며, 어느 기간 동안은 아내에게 일에 대해 얘기하지 않고, 아무것도 하지 않는 연습을 포함해서 우리는 몇 가지 전략에 동의했다. 그는 마지막 전략이 무엇보다 가장 중요하다는 것을 발견했고, 주일은 일뿐 아니라 일에 대한 생각에서도 벗어나 지내기 시작했다. 그는 점차 하나님께 귀히 여김 받기 위해 일할 필요는 없다는 걸 깨닫기 시작했다. 예수님은 공생애 사역을 시작하시기 전에 "너는 내 사랑하는 아들이라 내가 너를 기뻐하노라"라고 말씀하시는 성부의 목소리를 들으셨다. 사랑은 일보다 앞선다.

여러 해 동안 나는 그 중역의 삶의 전체적인 균형이 변화되어 가는 것과 그가 일을 성취해 내는 것, 집에서뿐만 아니라 특히 직장에서의 인간관계에 자신감이 생긴 것을 지켜보는 특권을 누렸다. 〈포춘〉 지와의 인터뷰에서(2002년 11월) 세계 최대 제약회사인 노바티스의 최고경영인 다니엘 배셀라는 돈과 동기에 대한 질문을 받았다.

> 이상한 건 내가 더 많이 벌수록 돈에 더 몰두하게 된다는 것이죠. 갑자기 돈에 대해서 많이 생각하지 않으니까 돈 생각을 점점 더 많이 하는 나 자신을 발견하게 되더군요. 돈은 마음을 부패시킵니다. 마찬가지로 명성에 대해서도 당신은 점점 더 걱정스런 상황에 처하게 될 겁니다 … 다음 달에 당신이 영웅이 될지 어떨지 걱정하는 것은 잘못된 거지요. 언젠가 화려한 광채는 사라질 테니 말입니다.

거금의 상여금을 받고 자신이 생각한 것보다 돈에 더 마음을 빼앗겼다는 걸 깨달은 25세의 은행원과 대화한 기억이 난다. 베드로는 그의 두 번째 편지(벧후 2:19)에서 사람들은 뭐든 그들을 정복한 것의 노예가 된다고 썼다. 돈이나 권력에 대한 사랑은 우리 자신이 노예 상태가 된 걸 알게 될 때까지 거의 느끼지 못할 만큼 조금씩 자라날 수 있다. 내 경험으로 볼 때 그런 포로 상태에서 자유로워지려면 매일 훈련이 필요하다. 우리가 성취한 일에 하나님의 손길이 함께하셨음을 인정하고 감사하며 우리의 돈과 명성과 기술을 그분의 목적을 위해 사용하는 걸 두려워하지 말아야 한다. 하지만 또 우리는 하나님의 영의 능력이 우리의 자유를 앗아 가는 우상을 쫓아내시도록 규칙적으로 기도할 필요가 있다.

### 자유와 훈련 - 우리는 어떻게 추세선(단기적인 변동을 무시하고 장기적인 변동을 그린 직선 또는 곡선을 말한다-편집자주)을 바로잡는가?

실제로 늘 완벽하게 균형 잡힌 삶을 살아가기란 불가능하다. 의대 초년생처럼 많은 직업에는 오랜 시간이 필요한 단계들이 있다. 게다가 우리에겐 누구나 일의 필요가 균형 잡힌 삶을 살고 싶은 우리의 욕망을 앞지를 때가 있다. 어려운 재판이 있으면 변호사는 사건에 묻혀 몇 주를 보낼 것이다. 출장으로 얼마 동안 떠나게 될 때도 있다. 그 외의 경우, 가정 생활은 대단히 중요하다. 예를 들어, 아기가 태어나고, 새 학교에 들어가거나 가까운 사람이 아프거나 하는 일 말이다. 하지만 중요한 것은 잠시의 변동이 아니라 어떤 경향이다. 잠시 노선에서 벗어난다 해도 방향 면에서 옳은가? 예를 들어, 전체적인 경향이 교회 활동에 너무 많은 시간을 쏟는다는 것이 나타나면, 다음번에는 일터에서 보내거나 가족들과 함께 보내는 시간이 더 많아지도록 조절해야 한다.

잘 짜인 일정 내에서 우리는 또 갑작스런 페이스 변화에 대처할 시간도 내야 한다. 뜻밖에 새로운 계획이 생길 수도 있고, 하나님은 우리 생활에 어떤 반응을 요구하며 간섭하신다. 우리가 융통성이 없다면, 우리 생활은 일정한 우선순위와 부담되는 이정표에 끌려갈 수 있다. 하나님의 영은 일정한 구조 속에 자유를 부여하신다. 이것이 우리가 추구하는 균형이다. 예수님은 지친 사람들과 대화를 나누며 그들이 "은혜의 자연스러운 리듬"(마 11:29, 「메시지」 성경)을 발견하도록 권면하신다. 우리는 각자 우리에게 맞는 시간 관리 방식을 잘 계획해야 할 필요가 있다. 그 기준은 이렇다: 그 구조가 우리를 자유롭게 하는가 아니면 곤궁한 처지에 빠뜨리는가?

우리가 쓴 일기를 엄중히 살펴보아야 한다. 우리는 얼마나 많은 시간을 생산적으로 보내는가? 나는 충분히 휴식을 누려 왔는가? 규칙적으로 하나님과 따로 보내는 시간을 가져 왔는가? 나는 하나님이 축복하시며 시간과 에너지와 돈을 공급하시는 일이 무엇인지 알 수 있는가? 종종 이런 질문은 몇몇 친한 친구들이 도와주면 대답하기 더 쉽다. 하나님이 함께하시면, 우리는 올바른 선을 그리며, 실수를 한다 해도 그 선을 따라 이루어질 것임을 깨닫는다. 기록이 거짓말을 하지 않는다는 점에서 일기를 검토하는 것은 좋다. 있는 그대로를 말해 줄 테니 말이다. 다음 단계는 당신이 선택한 생활방식의 가치를 반영하는 미래의 일기를 계획해 보는 것이다. 만일 일기 검사에 계속 실패한다면, 다시 한 번 생각해 봐야 할 때다. 당신의 삶은 무언가 좋지 않은 상태에 처해 있으니 말이다.

### 멈춰서 생각하라 – 검토와 갱신

우리가 하나님의 목적이라는 고속도로 위에 있다면 자꾸 나갈 길을 찾거나 제대로 길을 들었는지 걱정하는 건 시간 낭비다. 이전에 한 결정이 옳은 것인지, 다음에는 어떤 행동을 취해야 하는지 매일 걱정할 필요는 없다. 예수께서 그날 일은 그날 염려하라고 우리에게 경고하신 것은 이런 의미에서다. 내일 일은 내일 염려할 것이며 한 날 괴로움은 그날에 족하기 때문이다(마 6:34). 하지만 많은 사람들이 똑같은 일을 문제의식 없이 계속 이어 간다. 여전히 바쁘지만 지루한 삶을 산다. 이를 피하기 위해서는 우리 모두 때때로 자신의 삶을 돌아보아야 한다. 그러니까 중요한 생일이나 정해진 간격을 두고 규칙적으로 말이다.

> 나는 매년 내 급여 조사 과정의 일부로 연간 평가를 했다. 지금까지 배운 것과 성취한 것을 인정하고 내가 가고 싶

은 곳을 생각해 보는 견지에서 이것이 매우 유익하다는 걸 알았다. 어느 해는 조사를 준비하면서 내가 직업을 잘못 택했음을 깨달았다. 선배들과 그들의 생활방식, 책임과 야망을 보면서 내가 이 직업을 원하지 않음을 알게 된 것이다. 이렇게 멈추어 전문가적 입장에서 내 일을 생각해 볼 기회가 생겨 기쁘고 모든 사람에게 연간 조사를 해 보라고 권할 것이다. 내가 몇 년을 기다려야 뭔가 새로운 일을 하도록 부름 받겠지만, 이 조사는 내 강점과 열정이 어디에 있는지 아는 데 도움이 되었다.

(줄리 브랜트, 법무관)

때때로 우리가 하고 있는 일에 대한 근본적인 회의가 예고 없이 우리에게 엄습해 온다. 30, 40, 50번이 되더라도 우리 직업을 다시 평가해 보고 우리의 원래 목적에서 벗어나게 할 수도 있는 많은 부수적인 요소를 점검해 보아야 할 때가 있다. 해러즈 백화점 관리로 영국 기업 역사상 가장 힘든 전투를 치르며 같은 직장에 몇 년 이상 근무했던 때가 기억난다. 우리는 회사에 티니 로우랜드가 이끄는 다른 회사에 공격받고 있다고 조언했다. 이는 길고 힘든 거래 과정이었고 내가 정말 여생을 다른 사람들의 기업 목표를 달성하기 위해 보내고 싶은지 스스로 질문하게 되었다. 나는 다 덮었다고 여겼던 책을 펴고 내가 전임설교 사역으로 부름 받았는지 다시 물어보았다. 나는 이것이 단지 스트레스를 받은 결과로 여기고 잊어버릴 문제가 아니라 더 깊이 심사숙고해야 할 문제라는 결론을 내렸다.

내가 지금의 직장에 다니는 이유를 재분석하고 나를 잘 아는 탁월한 그리스도인 리더에게 이야기했다. 지금 있는 자리에 머물러야 한다고 충고하는 그의 강한 반응에 나는 놀랐다. 그는 하나님의 소명에 대한 나의 원래 판단이 바뀌지 않았음을 지적하고, 일반적으로 의심이 솟구칠 때 그가 '중간 지대'라 부르는 데까지 내가 도달했는지 질문했다. 그는 내게 "하나님의 은사와 부르심에는 후회하심이 없느니라"(롬 11:29)는 사도 바울의 관점을 가리켜 보였다. 또 그는 교회에는 설교자들이 넘쳐나지만 은행가들은 거의 없다는 사실을 상기시켰다.

거의 동일한 시기에 나는 내 미래를 놓고 금식하며 기도하기로 결심했다. 여전히 내가 금융계에 남아 있어야 하나 궁금했다. 나는 곰곰이 생각하고 분석하며, 아내와 가까운 친구들과 얘기를 나누었다. 나는 템스 강을 따라 산책을 하며 누가복음의 마지막 장과 사도행전의 시작 부분을 읽어야겠다고 결심했다. 말씀을 읽어 내려가며 나는 기이한 해방감을 느꼈다. 그리고 불확실의 안개가 걷히면서 한 구절이 또렷이 떠올랐다: "너희는 위로부터 능력을 입히울 때까지 이 성에 유하라 하시니라"(눅 24:49). 이 구절과 관련된 당면한 상황은 우리의 상황과는 완전히 다르지만, 이는 하나님께서 내게 런던에서 계속 일하고 머물러 있으라고 속삭이며 격려하시는 것이라고 확신했고 지금도 그 생각은 변함없다. 나는 하나님께서 희생보다 순종을 원하신다는 것을 새로운 방식으로 보게 되었다. 내 직업을 버리고 떠나는 것으로 하나님께 희생을 드린다는 생각이 호소력 있게 느껴질 때가 자주 있었지만, 사도행전 5장 32절을 읽으면서 나는 하나님께서 성령을 단순한 영감으로 주신 것이 아니라 그분께 순종하는 이들에게 주셨음을 깨달았다. 나는 새로운 사역을 위해 성령으로 충만해질 때가 오면 그때 도시를 떠나게 될 거라고 생각했다. 하지만 내가 잘못 생각한 것이었다. 그 뒤로 하나님이 우리에게 성령의 능력을 주셔서 매일의 일을 하게 하실 뿐 아니라, 그분이 우리를 부르실 때 더 큰 사역을 하게 하심이 분명해졌다.

### 두 가지 방식 – 성공과 중요성

우리 생활의 균형을 잡기 위한 노력의 일환으로 많은 사람들은 그들의 생활방식을 바꾸고 긴장이 덜한 직업으로 이직하기로 결심한다. 이런 삶의 여유를 찾는 움직임은 여가를 즐길 기회를 훨씬 더 많이 제공하지만 그렇다고 만병통치약이 될 수는 없으며, 성공적인 직업 생활의 핵심적 차원, 즉 단지 많은 여가가 아니라 그것이 의미를 부여하느냐는 측면에서 보탬이 되지 않을 때가 많다. 우리는 대체로 변화를 일으키는 사람들과 함께 일하는 만족감을 경험하고 싶어 한다. 우리는 종종 우리의 삶을 최저선에서 바라본 뒤, 특히 중요한 몇몇 직업적 소명과 비교한다. 의미란 전임 직업을 포기한 다음 인생 후반에 가서 얻는 그런 것이 아니다. 우리의 목표는 우리가 일하는 삶의 모든 단계에서 의미를 찾는 것이다. 장 피에르 가르니에는 이것을 이렇게 표현한다: "성공한다는 것은 모든 일에 성공하는 것을 뜻한다. 만일 당신의 삶에 한 가지 차원만 찾아다닌다면, 만일 그것이 더 이상 무의미하다면 서글퍼질 것이다." 우리는 '일을 만드는 사람들'이 되고 싶은 것이다.

나는 양방향 선택이 전업으로 일하는 사람들을 위해 이 문제를 처리하는 가장 좋은 방법의 하나라는 것을 알았다. 한 가지 방향은 직업적 삶을 성취하는 것이며 다른 하나는 이를 보충하는 자선활동이 될 것이다. 우리는 이타적인 목적을 위해 일터에서 갈고 닦은 기술을 사용할 수도 있고, 그렇지 않았을 경우 사용 못했을 재능을 활용할 방법을 찾을 수도 있다. 목적이 이끄는 직업을 가지는 것도 좋지만, 기독교 복음을 널리 전하는 알파 인터내셔널의 의장직을 맡는 것 역시 대단히 고무적인 일이다. 하나님께서 우리를 위해 하신 일을 기억할 때 우리는 이를 다른 사람과 나누고 싶어진다. 하지만 전임 복음 전도자가 될 수 있는 시간이나 기술, 소명의식이 내겐 없다. 알파 인터내셔널의 의장이 되는 것은 흥분으로 이런 역할을 감당하며 함께 나누는 것이다. 내가 알파 인터내셔널을 선택한 이유는 첫째, 절친한 친구이며 선구자적으로 알파 코스를 이끌어 온 니키 검블의 요청 때문이고, 두 번째는 이 일이 나 자신의 열망을 반영하기 때문이었다. 그리고 세 번째 이유는 내가 단체의 구성과 경영에 공헌할 수 있기 때문이다. 나는 직장에서의 전문기술을 활용해서 세계적인 전망, 자금 조달과 예산 편성의 경험, 경영 기술 등을 도입해 민간단체에 이익을 가져온다. 나는 보통 일주일에 두 시간 정도를 알파 인터내셔널에서 보내고, 주말에는 때때로 저녁 식사와 이사회 모임, 전화 통화, 아이디어 회의를 한다. 이런 작은 시간 투자가 변화를 이끌어 내는 것 같다. 친구와 함께 이 사역을 하겠다고 결정은 했지만, 이런 맥락에서 우리의 관계는 전문가적인 것이다.

나는 바쁜 런던 병원에서 시니어 약사로 정말 즐겁게 근무하고 있다. 하지만 나는 교도소 사역에도 부름 받았다는 느낌이 든다. 나는 여러 날 휴가를 내고 교도소를 방문했고, 가능한 우리 교회에서 죄수들을 위한 기도 모임을 열도록 조정했다. 두 군데 모두 책임을 다하려 노력하면서 나는 점점 압박감을 느꼈다. 한 주에 4일 근무로 바꿔 볼까 생각해 보았지만 이 부서는 이미 인원 부족인 걸 확실히 알기 때문에 가능하지 않을 거라고 느꼈다. 그런데 놀랍게도 내 상사는 목요일 근무를 빼 주는 데 동의했다. 그때 나는 지방 교도소의 담당 목사가 목요일에 자원봉사

자를 필요로 한다는 걸 발견했다. 이 일은 내게 이 결정이 옳았음을 확신케 했다. 약국과 교도소 사역 모두 하나님은 나를 부르고 계셨다.

(사라 스톨, 약사)

## 작업 공간 공유와 업무 공유 – 새로운 작업 방식

일터는 급격히 변화하는 중이다. 소규모 정보망과 지원팀에 대한 욕구에서부터 핫데스킹, 자유시간제, 업무 공유나 재택근무에 이르기까지 변화의 폭은 다양하다. 이런 발전에 문제가 없지는 않지만, 나는 남자든 여자든 직업적인 경력을 쌓으면서 동시에 아이들과 함께 보내는 시간을 즐기게 되길 바란다. 첫 출발을 하는 부부에게 자녀를 갖는 시기, 특히 함께하는 인생 과정에서 그들이 일하는 패턴과 관련해서 이를 의논하는 것은 중요한 일이다. 어떤 경우는 한쪽이 생업에 종사하면 다른 쪽이 가계를 꾸려 나가는 반면, 더욱 유연하게 작업을 조정하는 이들도 있을 것이다. 우리가 어떤 방식을 따르든지, 우리의 소명을 추구하기 위해서는 일터에서의 변화를 활용하는 법을 배워야 한다. 한 가지 방식은 문어발식의 다직종 직장 생활로, 한 사람이 여러 가지 다른 파트타임 직장을 다니거나 역할을 맡아 자신만의 독특한 경력 포트폴리오를 구성하는 것을 말한다. 하지만 우리는 이런 여러 가지 다른 활동을 하면서 우리가 단기 업적주의에 빠지지 않게끔 주의할 필요가 있다.

나는 닉 터너와 함께 자선사업에 동참했는데, 그는 전업으로 매체 컨설팅 일을 하고 있었지만 다직종 직업인이 되기로 했다. 나는 그에게 새로이 일하는 첫 주의 실제 모습을 말해 달라고 했다.

내가 신뢰할 만한 정보원인 까닭은 지난 3년간 나 자신이 동시에 여러 직업을 갖고 있었기 때문이다. 나는 미디어 회사를 소유하고 있고, 자선사업으로 인터넷 사업체를 운영하고 있으며, 교회를 위해 예술과 미디어 사역을 지도하고, 일주일에 하루는 예술 대학에서 보낸다. 이는 지금 내가 처한 직업 단계에 꼭 맞는 것 같고, 과거에 구조화된 훈련과 기술의 개발, 뭐든 할 수 있다는 믿음으로 가능해진다.

일반적인 주당 노동 시간은 고정일과 변동일로 구성된다. 고정일은 다른 사람들과의 규칙적인 활동과 상당히 엄격한 구조를 필요로 한다. 교회에서 매주 목요일에 일하는 것이 그런 예가 될 것이다. 내가 그날 그곳에 있는 걸 모두 알기 때문에 정기적인 모임이나 작업 약속을 미리 잡을 수 있다. 다른 고정일은 내가 예술 대학에서 보내는 날이다. 변동일은 미디어 회사에서 계약된 작업을 하거나 내 미술 스튜디오에 틀어박히거나 인터넷 사업 운영과 관련된 정기적이지만 약간 여유가 있는 업무를 마무리하며 보낸다.

일반적인 주 중 시간은 다음과 같다.

월요일 - 변동 시간, 여러 가지 관리업무, 사업과 계약직 작업
화요일 - 미술 스튜디오 시간(가능할 경우!)
수요일 - 변동 시간, 여러 가지 관리업무, 사업과 계약직 작업
목요일 - 교회
금요일 - 미술 대학
토요일 - 자유 시간 기대!
일요일 - 주로 교회 예배에 참석하긴 하지만 자유 시간

이렇게 내가 삶을 살아가는 방식에는 이점도 있고 불리한 점도 있다. 유익한 면은 삶이 결코 밋밋하지 않고 매일 매일이 새롭다는 것이다. 하지만 시간 관리가 큰 문제인데, 작업 마감일이든 마무리되지 않은 그림이든, 응답을 재촉하며 날아드는 성난 이메일이든, 직업전선 한 부분이 뭔가 잘못되기 시작하면 특히 그렇다. 스스로 화가 나는 걸 막으려면 시간을 잘 통제하고 또 내 고객과 상사, 동료들에게 내가 모든 전화나 이메일에 (긴급한 일이 아니라면) 즉각 대답해야 할 필요는 없음을 분명히 해야 했다. 아마 이것이 내가 직면한 가장 큰 압박이었을 것이다.

내 시간의 일부가 (무보수) 미술과 자선사업에 할애된 까닭에 한 곳에서 일할 때보다는 확실히 벌이가 적은 편이다. 런던에서 살던 초기 시절에는 이렇게 일할 여유가 없었고 미래에도 늘 그럴 수는 없을지 모른다. 가족이 있다면, 아내와 나는 우리 작업 형태를 다시 평가하고 수입을 합쳐야 할 것이다. 돈이 얼마든 수입의 덫에서 빠져나오는 것이 내게는 좋은 일이라는 느낌이 들었고, 잠시 동안 이 생각은 엄청나게 유혹적이었다. 특별히 생활 방식을 조금도 변화시키지 않으면서 예산을 세우기 시작한다면 돈을 얼마나 저축할 수 있을지 참 흥미로운 일이다!

다양한 직업과 역할이 외부인들에게는 우연히 구성된 것처럼 보인다 해도 이렇게 구성된 직업들 사이에는 상당한 응집력이 있어야 한다고 생각한다. 그러니까 한쪽을 보완하는 기술을 개발한다거나 긴장이 심한 일과 긴장이 별로 없는 역할을 결합하고, 또는 삶의 한쪽 부분을 다른 쪽에서 얻는 수입으로 지원하는 일이 여기에 해당될 수 있지만, 중요한 건 이렇게 하는 이유를 당신이 아는 것이다. 나는 긴장이 많은 사업과 역할을 좋아하지만, 그건 긴장이 적당한 때뿐이다. 나는 그림 그리는 것이 내게는 가장 긴장이 해소되는 활동이란 걸 발견했다. 미술대학에 등록하고 내 일과에 긴장이 풀리는 요소를 도입함으로써 나는 긴장되는 시간들을 더욱 즐기고 한 사람으로서 균형이 잡히는 걸 느낄 수 있었다.

그 당시 내 주된 목표는 필시 여러 해 동안 내가 억눌러 왔을 은사와 기술, 인격의 영역, 특별히 순수 미술과 일반적인 창조의 능력을 개발하는 것이었다. 어떻게 개발될지는 전혀 짚이는 데가 없었지만, 하나님이 나를 어디로 이끄시든지 열린 자세가 되고자 했다.

(닉 터너, 다직종 직업인)

현대적 삶의 압력과 일터의 요구, 여행의 스트레스, 우리가 매일 마주치는 다른 많은 개인적, 재정적인 문제들로 인해 우리의 생활방식을 진지하게 포괄적으로 검토해야 할 필요가 있다. 우리는 단지 일터 바깥의 지속적인 관계의 우선순위를 고려하지 않고 전력을 다해 일하라는 조물주의 지시를 받지는 않는다. 물론 어떤 직업은 더 많은 것을 필요로 하고 다른 일보다 더 큰 긴장이 요구되는 것도 사실이다. 그래서 이렇게 말해도 관계없다: "나한텐 이 부엌이 너무 더워. 나가야지." 지금 우리가 있는 곳에서 우리의 우선순위는 분명 우리 삶을 향한 하나님의 우선순위를 반영해야 한다. 만일 우리가 그 척도에 우리 자신의 성취 문제를 올려놓는다면, 우리의 창조 목적이기도 한 부지런하고 균형 잡히고 충족된 삶을 결코 살지 못할 것이다. 하나님은 우리를 비인간화시키는 삶의 방식으로는 결코 영광 받지 않으신다.

스트레스
Stress

# Stress

미 역학 저널에 발표된 '직장 혈압 연구'는 10년 이상 200명의 남자들을 대상으로 한 관찰기록이다. 이 연구에 의하면 직장에서 받는 스트레스는 체중이 약 18킬로그램이 늘어난 것과 동일한 부담을 심장에 주며, 이렇게 장기적인 긴장의 지속은 30년 나이를 먹는 것과 동일한 효과를 심장에 미친다.

우리가 오늘날 일터에서 대면하는 모든 생활방식의 문제 가운데서 스트레스가 제일 일반적이다. 이것은 또한 국가적인 건강 문제이기도 하다. 어른이든 어린이든 영국에서 의사를 찾는 다섯 중 한 명은 스트레스와 관련된 병 때문에 병원에 간다. 스트레스로 지친 일터에서 잘 살아갈 수 있을까? 이 스트레스는 과연 현대인의 삶의 현실인가? 최대한 오랫동안 견딘 다음 그만둬야 하는 것인가? 믿음이 변화를 일으킬 것인가?

## 일에 쫓기고 속박당하다 – 스트레스는 어떤 느낌인가?

우리는 종종 우리 삶의 압박에 대항해서 밀어붙이고 싶은 유혹을 받는다. 최근 기사에서 작가는 우리의 스트레스 심한 삶을 슬퍼하며 현실적이진 않지만 색다른 해결책을 제시했다.

> 자본주의 문화에서 더 심란한 사실 한 가지는 … 아무것도 안 하는 시간도, 멍하니 있는 일도 없다는 것이다. 내가 제안하고 싶은 것은 소진하는 시간은 더 많아지고 자극은 덜 받는 것이다. 어린 시절에 그랬듯이 묵은 밭을 일구는 시간이 필요하며, 그러면 우리는 건강을 회복할 수 있다. 원하는 바를 끊임없이 이야기하며 이를 좇아가느라 압박감을 느끼기보다는 갈망이 구체화되는 희미하게 들뜬 권태의 마력에서 크게 유익을 얻으리라 생각한다.

우리는 모두 스트레스 받는 것이 어떤 기분인지 안다. 이는 우리에 대한 다른 사람들의 기대와 우리의 수행 능력이 조화되지 않는 지점이다. 주변에서 우리는 매일 "스트레스 쌓인다", "떠밀리는 기분이야", "이게 한계야", "그냥 될 대로 되라지 뭐"와 같은 말을 듣는다. 탈진과 스트레스는 겹쳐서 온다. 사도 바울은 고린도인들에게 편지를 쓰면서 '사방으로 우겨쌈을 당한다'(고후 4:8)는 이미지를 사용하는데, 이를 다른 식으로 표현하면 사방에서 옥

죄어 온다는 것이다. 나는 이런 느낌이 일상생활의 일부라는 걸 안다. 이렇게 튜브를 통해 치약을 짜내는 그런 느낌 말이다. 요구 사항은 너무 많은데 시간이 충분치 않고 멈춰서 생각해 볼 여유가 없다.

예수님은 씨 뿌리는 사람이 씨를 뿌리러 나간 이야기를 하신다. 그중 몇은 돌밭에 떨어지고 얼마는 가시떨기에, 어떤 것은 좋은 땅에 떨어진다. 씨는 하나님의 말씀인데 좋은 땅에 떨어진 것은 싹이 터서 열매를 맺게 된다.

나는 특히 가시떨기에 떨어진 씨의 이미지에 깊은 인상을 받았는데, 그건 이런 상황이 일터에 있는 그리스도인들에게 너무나 자주 일어나기 때문이다. 말씀이 선포되고 새로운 삶의 양식이 도입되지만, "세상의 염려와 재리의 유혹과 기타 욕심이 들어와 말씀을 막아 결실치 못하게 되는"(막 4:19) 것이다.

예수님이 쓰신 '막아'라는 단어는 대단히 강한 말이다. 단지 기침이 심한 정도를 묘사하는 것이 아니라 거의 물에 빠져 죽을 것처럼 완전히 불가항력으로 숨이 막히는 것을 말한다. 우리는 여러 가지로 짓눌린다. 가령 나는 왜 여기에 있는가? 나는 무엇을 위해 일하는가? 등의 심각한 질문들이 그렇다. 물질적 부를 기대하다 속을 수도 있다. 아니면 긴 시간, 비현실적인 마감 시간, 목표 대상, 평가, 융자금 상환, 냉장고 채우기, 남들 따라가기 등 다른 일들에도 쉽게 스트레스를 받는다.

때때로 스트레스는 그 자체가 신체적으로도 드러난다. 먹지도 못하고, 위장병, 불면증이나 가슴이 답답한 증세가 있다. 심리적으로는 마음이 뒤숭숭하고 일에 집중할 수 없고 불합리한 공포에 휩싸이거나 동료에게 공격적으로 대하는 것으로 나타날 수도 있다. 스트레스는 영적인 것이기도 하다. 무엇보다 이는 앞날의 전망을 파괴하고 나 자신에게만 집중하게 만든다. 우리가 머리를 들어 더 큰 그림을 볼 수 없는 까닭에 스트레스는 하나님과 다른 사람들과의 관계 모두 질식시킨다. 이렇게 집중하다 보면 쉽게 강박적이 될 수 있으며 현재의 고정된 위치를 넘어 생각할 능력을 상실한다. 비유에서 보이듯이 스트레스는 우리를 막아 일터의 생산성을 낮춘다.

나는 다행히 대체로 대단히 잘 자는 편인데도 저녁 식탁에 앉아서 꾸벅꾸벅 존다는 얘기를 듣는다. 그래서 한밤중에 이런저런 생각에 가득 차 잠이 깬다는 건 틀림없이 심한 스트레스 때문이라는 걸 안다. 한번은 주요 증권거래를 진행하고 있었다. 투자은행들은 그들의 당좌 사업의 일부로 주식을 매매한다. 주식 매도자들은 주로 그들의 주식 가격이 고정되길 원하고 투자자들에게 매각을 제의하기 전에 은행에 주식 매수를 제안한다. 그러면 위험부담이 은행으로 넘어가고 매도자는 확실히 수익을 얻는다. 은행이 주식을 처분할 수 있을 때까지는 아직 끝난 게 아니다. 가격이 올라가면 이득이 생기고 가격이 내려가면 손실이 초래된다. 우리는 매매가에 대한 결정을 아주 어렵게 했고, 조마조마한 마음으로 다음 날 아침 시장에서 우리 결정이 증명되는 것을 보려 했다. 나는 이른 시간 잠이 깨어 이리저리 뒤척이고 돌아누웠지만 다시 잠을 이룰 수 없었다. 결전의 날이 시작되지 않았으므로 내가 할 수 있는 일은 기다리는 것뿐이었다. 한밤중이라 누구와 얘기할 수도 없다. 잠 못 이루고 불안한 밤이 계속되면서 나는 점점 좀먹어 들어갔다. 나는 일어나서 다소 무의식적으로 시편을 읽어 내려가며 더욱 폭넓은 시각을 얻으려 애쓰며 우리 판단이 옳았음이 입증되도록 기도했다.

하지만 다음 날 아침, 주가는 하락했다. 그래서 이 경우, 다행히 주가가 회복되어 손실 없이 주식을 팔 때까지 내 불안감은 며칠간 계속되었다. 하지만 늘 결과가 좋지는 않다. 우리는 모두 그저 조마조마한 마음으로 기다려야 할 때가 있다. 희망하던 결과를 늘 얻지는 못하지만, 스트레스 가득한 그 순간에도 하나님은 우리와 함께 계심을 알기 때문이다.

스트레스가 꼭 압박감과 동일한 것은 아니다. 많은 사람들은 압박감 아래서도 번창하지만, 지속적인 스트레스 속에서는 시들고 만다.

> 압박은 외부에서 비롯되고 나는 거기엔 별로 신경 쓰지 않는다. 여러 면에서 압박은 내게 일종의 경고신호가 된

다. 나는 압박이란 일의 복잡성이든 시간 척도든, 두 가지 면 모두에서든 프로젝트나 상황에 의해 초래되는 것이라 규정짓는다. 이 압박감이 나를 자극해서 아드레날린이 흘러나오게 만들면 가능해 보이는 것 이상을 성취할 수 있다는 걸 안다. 내 경우 스트레스는 비현실적인 마감 시간을 맞추기 위해 나 자신이 내적으로 짊어지는 압박감이다. 이렇게 되면 어마어마한 업무에 대해 좌절하거나 절망감까지 들게 된다. 나는 이것이 얼마나 힘 빠지게 하는 일인지 알았다. 압박감이 우리를 밀어붙이고, 스트레스로 진이 빠지고 짓눌리지만, 상당수의 동료들은 명예훈장처럼 스트레스를 달고 다닌다.

(한나 라이드, 시 변호사)

## 예수님과 스트레스 – 돌파구

우리 세대에 점점 강도가 증가해 가고 있긴 하지만, 스트레스는 현대의 발명품이 아니다. 예수님도 스트레스에 전혀 문외한은 아니셨다. 그분은 속박당하는 느낌이 어떤 건지 아셨지만 선이 악을 정복하는 걸 본다는 더 큰 목적에 부름 받았다는 것도 아셨다. 그분은 사람들이 왕이 되길 바랐던 명사요, 유명인으로서 군중들을 만나야 하는 지속적인 요구를 받고 계셨다. 그분은 자신이 극도로 피로한 까닭에 떠나서 쉬어야 한다는 걸 아셨다. 그분은 성전에서 상인들에게 맞섰고 그들의 행동이 예배 장소를 더럽히자 그들을 몰아내셨다. 그분은 자신의 제자들에게조차 이해받지 못하셨고, 친구인 베드로에 의해 부인당했으며 유다에게 배신당하셨다.

일에 쫓기고 출장을 너무 많이 다녀 지칠 때 나는 종종 누가복음 8장 22~56절에 기록된 예수님의 생애 중 스트레스 많은 하루를 보며 힘을 얻는다. 예수님과 제자들은 배를 타고 떠났다. 그분은 분명 지쳐 잠드셨고, 그래서 솟구치는 파도도 그분을 깨울 수 없었다. 겁에 질린 제자들이 그분을 깨우자 그분은 폭풍을 잠잠케 하셨다. 반대편 기슭에 닿자마자 그분은 귀신 들린 사람에게서 귀신을 쫓아내셨는데, 그 와중에 돼지 떼가 물속에서 몰사해서 거라시 지역 농부들이 큰 피해를 입는다. 그 후 두려워진 사람들은 그분께 떠나시기를 간청했다. 그분이 다시 호수를 가로질러 돌아가시자 곧 죽어 가는 딸을 고쳐 달라고 애원하는 야이로의 말을 들어주셔야 했다. 그분이 군중에 에워싸여 그곳으로 가는 길에 혈루증이 있던 한 여인이 믿음으로 그분의 옷깃에 손을 대었고, 예수님은 그녀도 고쳐 주신다.

그때 야이로의 딸이 죽는다. 더 이상 예수님을 괴롭히지 말라는 사람들의 얘기를 들으셨지만, 그분은 계속해서 행하신다. 그분은 도착하셔서 장례식에서 곡하는 사람들의 울음을 멈추게 하시고 아이가 죽은 것이 아니라 잔다고 말씀하신다. 그들은 예수님을 비웃었지만 그분은 아이를 죽음에서 일으키신다. 피로, 외로움, 여행과 부족한 잠을 보충하려 애쓰는 것, 자다 말고 방해받는 것, 친구들의 요청, 실패의 두려움, 세상 물정 밝은 사람들의 비웃음 등, 이 모든 것이 여기에 다 등장한다.

예수께서 나사렛에서 처음 설교하셨을 때 그분의 고향은 그 탁월한 가르침에 기뻐했다. 그분은 성공한 그 지역 청년이었기 때문이다. "저희가 다 그를 증거하고"라고 누가는 전한다(눅 4:22). 하지만 그분이 이렇게 설교하자 바로 그날 안으로 분위기는 급변했다: "회당에 있는 자들이 이것을 듣고 다 분이 가득하여 일어나 동네 밖으로 쫓아내어 그 동네가 건설된 산 낭떠러지까지 끌고 가서 밀쳐 내리치고자 하되 예수께서 저희 가운데로 지나서 가시니라"(눅 4:28~30). 이는 우리에게 상당한 본보기가 된다. 모든 사람이 그분을 대적하고 나섰고, 그분이 달려가 피할 곳도 없는 그때, 그분은 군중 가운데를 지나서 걸어 나가셨다. 이것은 자신의 소명을 확신하고, 하나님의 능력이 자신을 도우리라 확신한 사람이 지니는 권위다. 예수님은 말씀하셨다: "나는 내가 어디서 오며 어디로 가는 것을 앎이어니와"(요 8:14).

우리도 예수께서 하신 대로 할 수 있다. 세상이 내 앞에서 닫히는 느낌이 들 때 나는 여러 번 이 말씀을 의지했다. 우리가 일터에서 해야 할 일들로 눌리는 느낌이 들 때 우리를 에워싼 압박감을 공격할 필요가 없다. 우리가 할 수 있고, 해야 하는 일은 그 압박감을 정면으로 대면하는 것이다. 예수님처럼 하나님의 영이 우리에게 능력을 더하시면 우리도 스트레스 한가운데를 걸어 나갈 수 있다.

### 섬뜩하지만 숨 막히지 않는 – 스트레스를 어떻게 다뤄야 할까?

예를 들어, 병적 우울로 이어지는 어떤 스트레스는 의학적 처치를 요구한다. 하지만 여기서 내 목표는 매일의 일터 상황에서의 스트레스를 생각하는 것이다.

돌아가시기 직전에 예수님은 제자들을 위로하시며 영원에 대한 관점으로 시작하신다: "내 아버지 집에 거할 곳이 많도다 그렇지 않으면 너희에게 일렀으리라 내가 너희를 위하여 처소를 예비하러 가노니 가서 너희를 위하여 처소를 예비하면 내가 다시 와서 너희를 내게로 영접하여 나 있는 곳에 너희도 있게 하리라"(요 14:2~3). 우리가 이 넓은 흐름의 안정감 속에서 살 때 우리를 스트레스 받아 지치게 하는 대상을 훨씬 견뎌 낼 만하게 된다. 예수님은 계속해서 약속하신 성령에 대해 얘기하시며 이렇게 말씀하신다: "평안을 너희에게 끼치노니 곧 나의 평안을 너희에게 주노라 내가 너희에게 주는 것은 세상이 주는 것 같지 아니하니라 너희는 마음에 근심도 말고 두려워하지도 말라"(요 14:27). 우리가 스트레스를 효과적으로 다루려 한다면, 우리는 그리스도께서 주신 평안 속에 뿌리를 내려야 한다. 이 말은 늘 지속적으로 성경을 읽고 하나님과의 친밀감을 발전시키며 기도와 다른 영적 훈련을 사용하여 하나님과 우리의 관계성에 자양분을 공급함을 뜻한다.

시편 18편에서 다윗은 이렇게 말한다: "내가 환난에서(내가 압박감에 사로잡힐 때) 여호와께 아뢰며 나의 하나님께 부르짖었더니"(시 18:6). 19절에서는 이런 부르짖음이 응답된다: "나를 또 넓은 곳으로 인도하시고 나를 기뻐하심으로 구원하셨도다." 일하는 환경의 혹독함 속에서 이 시편은 거의 다른 시편들보다 내게 의미하는 바가 더 많았다. 하나님의 사랑, 내 안에 존재하는 그분의 기쁨은 일터에서의 내 관점을 변화시킨다. 19절의 '넓은 곳'은 내가 갈망하는 곳으로, 전략을 사용할 공간과 하나님의 평화를 회복할 기회를 말한다. 하나님은 우리에게 공간을 주시지만, 사탄은 그 공간을 침범한다. 그래서 나는 스트레스를 받는 가운데 하나님이 주신 넓은 곳을 찾아보려 한다. 그리스도인이 스트레스를 푸는 것은 새로운 자립의 기술이 아니라 그리스도를 따르는 것을 더욱 열심히 연구하는 것이다. 나는 스트레스를 막기 위해 일곱 가지 성경적 전략을 따르려 애썼다. 당신에게도 이 전략이 도움이 되길 바란다.

### 1. 건강을 유지하라

가장 기본적으로, 우리는 규칙적으로 휴식을 취하고, 잘 먹고 정기적으로 운동하면서 우리 몸을 돌볼 필요가 있다. 결국 우리 몸은 성령의 전이며(고전 6:19) 돌봐야 할 필요가 있다. 이는 단순히 상식적인 얘기지만, 스트레스를 받는 동안 가장 먼저 해야 할 일이다. 한 거대한 영국 회사에 의해 다른 회사 인수를 위한 복잡한 주식 공개 매입이 한창 진행되던 중에, 매일같이 근처 체육관에 가서 잠시 휴식을 취했던 때가 생각난다. 미리 계획하고 갈 수는 없었지만 기회가 되면 항상 갔다. 이런 시간이 어느 정도 내 마음을 정돈하는 데 도움이 되기도 했지만, 대개는 계속되는 의사결정에서 오는 긴장을 누그러뜨려 주었다. 한 변호사는 내게 정말 끝날 것 같지 않던 계약을 진행하는 동안, 종종 밤 10시에 그날 팀 직원들이 차를 마셨는지 확인하곤 했다고 말했다. 보통 그들이 먹은 것이 없다면 그는 음식을 주문해 주곤 했다. 뭔가를 먹고 난 뒤에 얼마나 직원들이 일을 재빨리 해내는지 그는 놀라고 말았다.

### 2. 두려움과 싸워라

어느 날 아침, 시편 112편 7절의 하나님을 의뢰하는 사람들은 "흉한 소식을 두려워 아니함이여 여호와를 의뢰하고 그 마음을 굳게 정하였도다"는 말씀을 읽은 것을 기억한다. 기도하는 동안 나는 직장에서 뭔가 잘 돌아가지 않으며 그날이 아주 중요하다는 걸 감지했다. 그것이 무엇을 뜻하는지는 몰랐지만, 하나님의 영이 나를 준비시키고 계심을 알았다. "흉한 소식을 두려워 아니함" 이라는 말씀이 하루 종일 내 머릿속을 떠나지 않았다. 퇴근할 무렵 나는 회장 사무실로 불려갔다. 그는 내 우수 고객 한 사람이 내가 그를 도와줄 적임자가 아니라는 결정을 했다고 말했다. 보통 상황이었다면, 나는 아주 당황했을 것이다. 물론 나는 힘이 빠지는 느낌이었지만, 그날 마음을 준비한 것 자체가 내가 소식을 들을 준비가 되었음을 뜻했다. 나는 흉한 소식을 두려워할 필요가 없었다. 이 말은 흉한 소식이 전혀 없을 거라는 뜻이 아니라 내가 그런 소식을 두려워하지 않아도 된다는 뜻이었다. 이런 확신의 말씀이 내가 자신감 있게 시련을 극복해 나갈 수 있도록 해 주었다. 그 고객은 내게 정중한 편지를 써서 자신의 이유를 설명했고, 나는 그의 말이 옳음을 알았다. 나는 그와 통화를 했고 악의 없이 그의 판단을 수용할 수 있었다. 나는 지나간 일을 다시 되돌리거나 내 행동을 합리화할 필요를 느끼지 못했다. 그것이 나의 자연스러운 반응이었을 텐데 말이다. 그때 나는 동료에게 그 고객의 업무를 넘기면서 묘한 해방감을 느꼈다. 필요하다면 뒤에서 순전히 자발적으로 도움을 줄 수도 있었다. 결국 나는 미리 몰래 사전 경고를 받은 셈이었다!

### 3. 진심으로 기뻐하라

데살로니가전서에서 바울은 "항상 기뻐하라"(5:16)고 말한다. 스트레스를 겪을 때 우리는 특별히 주위를 둘러보고 우리의 영을 일깨우는 것에 의식적으로 초점을 맞춰야 할 필요가 있다. 인파에 밀려 북적대는 지하철역에서 빠져나오거나 교통 정체에 걸려 있을 때, 여유를 갖고 나무의 새나 아름다운 건축물을 바라보라. 회의를 마치고 급히 나오면서 나는 한 노부부가 손을 꼭 잡고 거리를 걸어가며 담소를 나누는 모습을 보았다. 그것은 스트레스 쌓이는 일상을 넘어선 영속적인 가치가 있음을 생각나게 했고, 그날 하루는 기분이 한껏 고양되었다. 이렇듯 사소한 일들이 우리 기분을 크게 변화시킬 수 있다. 과거에 하나님이 우리를 도우셨던 구체적인 방법들을 저장해서 기억하는 것은 하나님이 실제로 존재하시며 그분은 선하시다는 것을 우리에게 일깨워 주는 귀한 가치가 있다.

### 4. 감정적으로 휴식을 취하라

스트레스가 줄어들지 않고 계속되는 동안 제 역할을 잘 해내는 사람은 아무도 없을 것이다. 만일 균형감각을 잃어 간다고 느끼면, 나는 친구에게 전화를 하거나 업무와 관련 없는 이메일을 보낼 때가 많다. 나와 다른 상황에 있는 사람들과 연락하면 내 인간성이 회복된다는 사실을 발견한다. 그들 역시 스트레스를 받고 있다 해도, 같이 얘기하다 보면 내가 몰두한 생각의 고치에서 벗어나게 된다.

스트레스를 받는 시기에 내 아내 파이와 나는 시간을 함께 보내는 가장 좋은 방법을 찾아내야 했다. 내가 특히 피곤할 때, 둘이 하는 저녁 식사는 스트레스 많았던 하루를 고스란히 재현하는 것이 될 수도 있다. 우리 둘 다 압박감에 시달릴 때는, 얼마나 나쁜 일이 있었는지 서로 경쟁하고 싶은 유혹이 생겨나기도 한다. 극장이나 영화관으로 외출하면 스트레스를 높이지 않고 서로 함께 있는 시간을 즐길 수 있다. 만일 서로 동의하면, 특별히 절박한 문제에 대해서는 얘기하지 않고 단지 함께 있는 걸 즐기는 것도 도움이 된다.

스트레스가 아주 심할 때는, 자주 찬양 예배를 드리고 싶은 간절한 생각이 든다. 주일 날 예배 시간이 다가오길 간절히 바라거나, 다른 사람들과 만나 예배드리려 애쓴다. 함께 예배드리는 것은 내가 하나님과 친밀한 관계를 유지하는 데 도움이 되고, 그로 인해 스트레스도 아주 쉽게 사그라진다.

### 5. 대립하는 영 가운데 사역하라

바울은 이렇게 말한다: "또 수고하여 친히 손으로 일을 하며 후욕을 당한즉 축복하고 핍박을 당한즉 참고 비방을 당한즉 권면하니"(고전 4:12~13). 동료가 우리 일을 망치면, 그들을 닦아세우지 말고 그들이 한 일에 대해 칭찬해야 한다. 그리고 다른 사람이 우리를 비판할 때는, 부드럽게 대답하려고 마음먹어야 한다. 이 말은 동의하긴 쉬워도 행하긴 어렵다. 나는 성령의 도움을 구함으로써 태도를 바꿔 보려고 노력하며, 그럴 때만 말을 꺼낸다. 이것은 머릿속으로 열까지 세는 것과 같다. 하지만 나는 실패하고 달려들어 때려눕힐 때가 많다. 그런 다음에는 기분이 영 언짢다. 대립하는 영 가운데 사역하는 것은 일반적으로 고통스런 과정이다.

병원에서 새로 일을 시작한 지 며칠이 지나지 않아 나는 접수계 직원 한 사람과 계속 언쟁을 했던 것 같다. 그녀는 내 정중한 자세에도 끊임없이 불만을 늘어놓으려 들었다. 그녀는 내가 쓴 글씨가 엉망이라고 주장했고(이건 의사와 함께 일하는 여자가 쓴 글이었다!) 내 진료 목록이 몇 분만 늦게 건네지면 불평을 해댔다. 나는 내가 지위가 낮은 물리치료사이며 그다지 대단한 컨설턴트가 아닌 까닭에 그녀가 그렇게 오만한 태도로 나를 대했다고 추측했다.

몇 주 후에 나는 충분한 예고 없이 진료를 취소해야 해서 접수계 직원에게 이야기를 전했다. 내가 돌아왔을 때는 진료가 취소된다는 연락을 받기 전에 병원에 온 환자들의 불만사항들로 온통 난리법석이었다. 급기야 이러한 불만사항들은 내가 문제들에 맞서야 할 필요가 있다고 나를 자극했다. 나보다 낮은 위치의 사람에게 들볶이고 있다는 생각이 스멀거리며 올라왔지만, 나는 조용한 시간을 택해서 그 접수계원과 마주 앉았다. 나는 직급을 이용해서 압박하는 대신 내가 그녀를 불쾌하게 한 일이 있는지, 왜 내

환자들에게 취소전화를 하지 않았는지 물어봐야겠다고 결심했다. 잠시 불가피하게 방어적인 대화가 오간 뒤, 내가 전담 비서의 후원을 받고 있고, 병원 환자들은 나의 단독 책임이라고 추측했다는 사실이 드러났다. 서로의 역할과 태도에 대한 잘못된 추정이 해결책을 찾아내는 데 유일한 장애물이었음이 밝혀졌다.

몇 달 뒤, 그녀는 정말 고맙게도 시간을 내어 나를 찾아와 사과했다. 생각해 보니 복수하는 태도로 반응했더라면 우리 두 사람의 상황에서 다 어려움을 가중시켰을 텐데, 그러지 않았다는 것이 기뻤다.

(아니타 파텔, 물리치료사)

## 6. 우리 생각을 제어하라

내 경험상, 대단히 불안한 시기에 주로 부는 바람은 부정적이고 생각들도 아래를 향해 곤두박질치기 쉽다. 미래의 두려움에 대해, 다른 사람이 우리를 어떻게 생각하는지, 우리가 하는 일에 뭔가 의미가 있는 것인지, 우리의 깊은 내적 자아에서는 끊임없이 의문이 솟아오를 수 있다. 그럴 때면, 내가 먼저 시도하는 일은 실체가 없는 생각들을 떨쳐 버리는 것이다. 그럴 때면 나는, 이를테면 하나님의 사랑처럼 그분의 많은 속성 가운데 하나를 생각해 내고 이를 묵상한다. 바울은 이렇게 썼다: "무엇에든지 참되며 무엇에든지 경건하며 무엇에든지 옳으며 무엇에든지 정결하며 무엇에든지 사랑할만하며 무엇에든지 칭찬할만하며 무슨 덕이 있든지 무슨 기림이 있든지 이것들을 생각하라"(빌 4:8). 마음은 우리가 통제하는 출입구와 같다. 하나님의 도우심으로 우리는 선을 향해 마음을 열고 두려움, 불확실성, 자기 의에는 마음을 닫는다. 「실낙원」에서 밀턴은 이런 생각을 포착해 낸다: "마음은 자기 자신만의 자리이며, 본질상 천국을 지옥으로 또는 지옥을 천국으로 만들 수 있다." 우리가 생각하는 바를 조절하는 것은 우리의 통제 아래 있다. 스트레스를 없애려는 우리의 갈망에 있어서 핵심 무기는 부정적인 요동을 중단하는 훈련이다.

부정적인 생각을 차단하는 한 가지 방법은 '기아 요법'이다. 시간, 그러니까 하루를 정해 놓고 부정적인 생각을 하지 않으려 의도적으로 애써 보라. 그와 동시에 하나님의 영이 당신의 마음에 삶의 선하고, 온전하고 긍정적인 면을 인도해 들이시고 이를 묵상케 하실 공간을 내어드리라.

한 사업개발 관리자가 내게 말하길 그는 스트레스를 받을 때면 조용한 장소를 찾아서 자신의 염려를 큰 소리로 말한다고 했다. 또 침대 옆에 종이 묶음을 놓아두고 마음에 가득 차 잠을 이루지 못하게 만드는 생각들을 적어 놓는다고 했다. 이런 방법들은 그의 불안감이 자신의 정신적 삶을 지배하는 걸 막고 그가 자유롭게 활동하게 해 준다.

다른 사람들에게는 또 다른 전략들이 활용된다. 인쇄업자인 스티브는 '걱정 시간'을 따로 떼어놓는 것이 도움이 된다는 걸 알았다. 사업을 경영하면서 그는 끔찍한 일을 겪었고 어떤 문제로 불안해서 미칠 지경이 되었다. 한 친구는 아침 9시에서 9시 15분 하는 식으로 그에게 하루를 정해 놓고 그 문제를 걱정하라고 충고했다. 이런 방법이 그에게 평정을 유지하게 해 주었다. 이 문제와 관련된 팩스나 편지가 오면, 그는 그냥 미결 서류함에 집어넣고 '걱정 시간'에 읽곤 한다. 전화가 오면 바쁘다고 말하고 '걱정 시간'에 다시 걸겠다고 했다! 만일 한밤중에 공포에 질려 잠이 깨면, 이렇게 혼잣말을 하곤 했다: "안 돼, 지금은 이런 생각하지 않을 거야. 내일 9시에 생각해야지." 그는 이렇게 하면 문제는 축소되고 처리하기 쉬워진다는 걸 알았다. 걱정 시간 이외의 삶은 계속 이어 나갈 수 있었고, 그는 내내 불안해하면서 아내와 끝없이 똑같은 얘기를 되풀이하는 걸 그만두게 되었다.

시간을 관리하기 쉽도록 나누는 것이 도움이 된다는 것도 발견했다. 가끔은 점심 시간이 될 때까지 끝낸다는 목표를 삼고 오전 시간을 열심히 일한다. 예를 들어, 다음 주 수요일에 맨체스터 유나이티드 축구 팀 경기를 보겠다고 결정하는 것처럼, 앞으로 기대하면서 기다릴 시간을 정하는 것은 중요하다. 이런 것이 끝이 나지 않을 것 같은 막막한 느낌에 대항하는 데 도움이 된다.

거대한 문제가 점점 눈앞에 뚜렷해지는 것 같을 때, 나는 예수님의 이 말씀을 기억하려고 애쓴다: "그러므로 내일 일을 위하여 염려하지 말라 내일 일은 내일 염려할 것이요 한 날 괴로움은 그 날에 족하니라"(마 6:34). 스트레스가 심할 때 우리는 시야를 축소한 세상에서 살아야 한다.

### 7. 기도하고 성경을 읽어라

스트레스가 닥칠 때 내가 바른 시각을 갖는 가장 중요한 방법은 기도를 통해서다. 물론 기도의 첫째 목표는 스트레스를 극복하는 것이 아니라 하나님께 영광을 돌리는 것이다. 바울은 빌립보 교인들에게 말한다: "아무 것도 염려하지 말고 오직 모든 일에 기도와 간구로, 너희 구할 것을 감사함으로 하나님께 아뢰라"(4:6). 나는 아주 긴장이 팽팽한 모임에 참석해서 양쪽 팀이 서로 언쟁을 벌이는 것을 보아 왔다. 나는 하나님께 의지하고 조용히 기도하려 애쓴다. 그러면 항상 그런 것은 아니지만, 신랄하던 논쟁이 그래도 자주 사그라지는 듯했다. 그 인과관계를 증명할 수는 없지만, 내가 기도할수록 그런 일이 더 자주 일어나는 듯하다.

열심히 중보기도를 하는 것이 충분치는 않지만 도움이 될 수는 있다. 내 청원 기도는 대체로 여행을 하는 도중에 하게 된다. 나는 엘리베이터나 커피 자판기, 복사기 등 사무실의 정해진 장소에 가면 언제나 기도하는 많은 사람들을 알고 있다. 기도의 형식을 정해 놓을 필요도 있다. 월요일 아침은 그 주를 위해 미리 영적으로 준비할 좋은 시간이다. 그 주가 시작될 때, 결국에는 그 주가 스트레스 쌓이는 주로 끝난다 해도 영적으로는 '능력 넘치는' 차원이 있다는 걸 나는 다시금 되새기곤 한다. 민수기 13장 30절에서 나는 갈렙이 한 말이 생각난다: "우리가 곧 올라가서 그 땅을 취하자 능히 이기리라." 주 중에 매일 아침마다 일하러 가기 전에 나는 기도하고 (구약과 신약 말씀을 가지고 365일 묵상을 나눔) 내 성경을 펼쳐 적어도 신약 부분은 읽으려고 노력한다. 나는 주말에 영적인 '만회 시간'을 가져서 그 주간에 급속도로 고갈된 영적인 자원을 개발할 기회를 가져 볼 생각이다.

나는 자신의 사업체를 설립하기 위해 직장을 떠난 전 동료가 기도의 능력에 대하여 자세히 얘기해 준 간증에 대단히 충격을 받았다.

나는 이런 종류의 컨설팅 사업의 손익계산이 나올 때까지 걸리는 시간을 대단히 잘못 생각했다. 대부분의 기업인들처럼 나는 사업을 추진할 동안 18개월은 살아갈 충분한 돈을 대기 위해 집을 저당 잡히고 융자를 받았다. 하지만 나는 2001년과 2002년의 급속하고도 인상적인 경기 침체를 예견하는 데 소홀했다. 우리가 가진 현금은 계속 줄어들었고, 사업 전망도 그다지 밝지 않았다. 이 기간 동안, 나는 심한 스트레스를 받기 시작했으며, 걱정이 돼서 툭

하면 울고 싶은 심정이었다. 전에는 이렇게 돈이 없어 본 적이 없었고, 내게는 대단히 낯선 경험이었다. 아내와 나는 아주 열심히 비용을 절약했지만, 아직도 벌어들이는 돈보다 지출이 더 많았다. 친구에게 얘기를 꺼내기도 난처했다. 어차피 내게 상황을 물었을 친구한테도 말이다. 난 기운을 내려고 애썼지만, 그건 진짜 모습이 아니었다.

이전에 그런 적이 없을 정도로 나는 매일 아침 6시부터 30분간 기도하고 성경과 주기도문에 나온 문장 전체를 읽기 시작했다. 돈 문제에 대해서는 그리 많이 구하지 않았지만, 오히려 내 마음은 평안해졌고 하나님이 내게 원하시는 일을 하려 했다. 나는 하나님의 인도와 지혜, 분별을 위해 기도하기 시작했다. 또 다른 이들과 교회, 친구들을 위해서도 많이 기도하기 시작했고, 내가 가진 것에 감사했다. 어떨 때는 기도하면서 한 시간이 지나갔는데 느끼지 못할 때도 많았다.

이런 기도의 결과는 정말 놀라운 것이었다. 내가 정말 삶의 힘겨운 지점을 통과하고 있을 때는 성령 충만함을 느낄 때까지 기도를 멈추지 않곤 했다. 모든 일이 잘되리라는 확신과 평안을 느낀다는 말밖에는 이를 설명할 길이 없다. 한창 심한 경기 후퇴 속에서 자금에 쪼들리는 기업가였던 나는 나 자신이 하고 있는 일이며 만들어 내는 제품이 무엇인지 정말 아는 바가 없다는 걸 알면서도 여전히 마음이 평안했다. 사람들은 내게 참 좋아 보이고, 더 젊고 건강해 보인다는 말들을 하게 되었다. 나는 이 일을 결코 잊을 수가 없다. 솔직히 말하면 내 인생에서 직업상 가장 힘든 시간을 겪었는데도 결국엔 훨씬 젊어진 느낌이 들었다!

또 내게는 매달 돈 때문에 씨름해야 하는 사람들에 대한 진정한 연민이 자라나기 시작했으며, 특히 부양해야 할 가족이 있을 때는 돈에 대한 걱정이 얼마나 사람을 쇠약하게 하는지 알게 되었다. 이는 전에 교만하고 잘나가던 은행가를 아주 겸손케 만드는 경험이었다. 하나님은 내게 값진 교훈을 가르치셨다. 나는 자금의 흐름이 원활해지기 시작하면 '비상시'를 위해서나 '재정적 독립'을 위해 돈을 저축하기보다는 필요치 않은 것을 다 나눠 주겠다고 결심했다. 이것은 정말 내 가치를 바꿔놓았다. 온 세상을 다 준대도 이 경험을 바꾸지 않을 것이다.

(마일즈 프로터, 가치 공동경영의 업무집행자)

기도는 생명에 꼭 필요한 산소와 같다. 이렇게 규칙적으로 귀를 기울이고 우리의 길을 말씀에 따라 재조정하는 시간이 없으면 아마 우리의 역할을 다하는 것이 불가능할 것이다. 우리 자신의 기질을 이해하고 성경 읽기, 사색, 찬양과 묵상을 포함해서 자신에게 맞는 기도 습관을 발견해야 한다. 작가이며 성경 번역가인 유진 피터슨은 성경을 '일상의 튼튼한 온전함'이라 이야기한다. 우리가 삶에서 스트레스를 줄이기 위해서는 성경을 읽는 가운데 이렇게 현실적인 점검이 필요하다. 모두 다 들어맞는 만능 기도 방법이 없다는 걸 알 때가 가장 자유로운 순간이다. 우리 모두 기도해야 하지만 그 방법은 하나님이 우리에게 말씀하시는 풍성하고 다양한 방법을 반영해야 한다. 내가 발견한 가장 강력한 한 가지 방법은 찬양 기도다. 찬양은 우리가 가장 먼저 의지할 무기다. 하나님에 대한 우리의 관점이 옳다면 우리는 압박감 아래서도 살아갈 수 있다. 하나님의 위대하심을 우리가 이해한다면 우리 자신의 힘에 절망하고, 자신이 창조하신 이 복잡한 세상을 이해하는 유일한 분이신 하나님께 의뢰하게 된다. 찬양은 일터를 포함해서 삶 전체에 대한 하나님의 주권을 주장하는 그리스도인들의 함성이다. 나는 어떤 것도 "저는 주님을 찬양합니다"라는 말만큼 삶의 자기중심성을 깨뜨리는 것은 없다고 믿는다.

2005년의 트라팔가 해전 200주년 기념축하식 동안, 나는 넬슨의 생애에 매료되었다. 일생 동안 매일 두 번씩 그는 날씨, 바람이며 물결, 파도와 기온 등의 역할을 공부하고 기록했다. 육지에서든 바다에서든 그는 그렇게 했다. 분명 대단히 지루한 일과였을 것이다! 하지만 트라팔가 해전에서 중요한 판단을 해야 할 순간에 넬슨은 이런 지식과 통찰의 저장소를 끌어와서 파도의 변화가 앞으로 폭풍이 칠 시기를 가리킨다는 걸 알게 되었다. 두 줄의 배가 서로를 향해 나란히 서는 일반적인 전투 대신, 그는 바다에서 얻은 이런 지식을 이용해서 연합 함대를 공격해서 멸절시켰다. 매일의 습관이 그에게 경험과 자신감을 부여한 까닭에 국가 역사상 위급한 시기에 결정적인 판단을 내릴 수 있었던 것이다.

인생의 풍파가 언제 우리에게 닥칠지 우리는 결코 알지 못한다. 그러므로 기억 저장소를 만들어 준비를 해 놓을 필요가 있다. 그 한 가지 방법은 매일 규칙적인 기도의 습관을 들이는 것이다. 그러면 예상치 못한 스트레스가 닥쳐온다 해도 훨씬 나은 모습으로 이를 맞게 될 것이다.

실패, 실망과 희망
# Failure, Disappointment and Hope

# Failure, Disappointment and Hope

사람들은 누구나 실패와 실망을 경험한다. 이는 종종 어린 시절부터 시작되며, 기억이란 대체로 사소한 것들이지만, 우리와 함께 머물러 있으면서 때로는 수십 년이 지난 후에도 우리의 결정에 영향을 미친다. 내가 열여섯 살 때쯤, 나는 학교 토론협회의 의장이었다. 분리주의 체제에 대한 토론장이 형성되면, 나는 반대편에 서서 열렬하게 토론할 준비를 했다. 나는 우리 명분의 정당성이 쉽게 이기리라 느꼈다. 하지만 우리는 지고 말았다. 나는 적나라한 편견의 영향력을 고려하지 못했던 것이다. 친구들에게 그 명백한 부당성을 설득하는 데 실패한 사실은 시종 나를 떠나지 않았고, 지금까지도 내게는 깊은 개인적 거절감으로 느껴지는 아픔이라 별로 얘기하고 싶지 않다. 객관적으로 보면 잠시 지나가는 별로 중요하지 않은 순간이었지만, 아직도 잊을 수가 없다. 우리의 직장 생활에서 실망을 겪지 않는 경우는 흔치 않다. 우리는 승진에서 빠지거나 감원 대상이 된다. 중요한 거래가 실패하거나 상대자 및 협상 대상자를 설득하는 데 실패하는 것, 팀원들이 우리를 배신하거나 저버리는 일, 또 우리 스스로 수치스런 실수를 저지르기도 한다. 수치라는 건 다름 아니라 우리 양심을 돌이켜볼 때, 우리가 거기 없었으면 하는 것 아닌가? 이런 상황에서 희망을 찾고 실패와 실망을 다루며 어두운 그림자 너머로 우리를 이끌 동기를 찾는 것이 어떻게 가능한가?

## 믿음과 영원 – 그리스도인의 희망의 토대

어려운 시기에 나는 자주 바울의 본을 통해 배우려 애썼다. 그는 자신의 능력의 원천이 어디로부터 오는지 알았다: "이를 위하여 나도 내 속에서 능력으로 역사하시는 이의 역사를 따라 힘을 다하여 수고하노라"(골 1:29). 훌륭한 삶의 에너지는 우리 외부의 원천으로부터 오지만 또한 내면에서 역사하여 우리를 바꾸어 나간다. 그리스도인의 희망의 원천은 우리 한 사람 한 사람을 사랑하시는 하나님이 조성하신 지식으로부터 솟아오른다. 우리는 예수 그리스도의 삶과 죽음, 그리고 부활을 통해 하나님과의 관계를 새롭게 했다. 우리는 그분이 다시 오시기를 고대한다. 우리의 일상생활에 틀을 부여하는 것은 이런 우주적인 맥락이다. 빠르게 돌아가는 세상에서 나는 우리의 생각과 마음을 그리스도께서 주신 소망에 집중하고 다른 부분들도 이를 중심으로 해서 모아야 한다고 생각한다.

그리스도인의 소망은 그저 낙관주의나 우리 욕망을 투사하는 것에 그치지 않는다. 그냥 "비가 안 왔으면 좋겠다"라고 말하는 것과는 다른 이야기다. 바울은 "소망이 부끄럽게 아니함은 우리에게 주신 성령으로 말미암아 하나님의 사랑이 우리 마음에 부은 바 됨이니"라고 기록한다(롬 5:5). 예수님은 이 땅에 오셨을 때 하나님의 왕국을 새로이 여셨으며, 십자가 위에서 단호히 악에게 승리를 거두셨다. 우리가 하나님과 협력하여 일하며 그분의 가치를 세상에 끌어낼 때, 우리는 자신의 삶을 내려놓고 십자가에 달리신 예수님과 하나가 되어 동일한 부활의 능력을 함께 누리라는 부르심을 받는다. 바울은 이런 관계를 설명하면서 상업적 용어를 많이 사용한다. 그는 이렇게 썼다: "… 우리에게 기름을 부으신 이는 하나님이시니 저가 또한 우리에게 인치시고 보증으로 성령을 우리 마음에 주셨느니라"(고후 1:21~22). 기름부음은 '투자'에 사용된 단어다. 하나님은 우리의 삶에 투자하셔서 우리에게 그분이 주인 되신 외부적 표식(인)을 주셨다. 성령님은 나중에 모두 갚아 주실 것을 지금 보장하는 '보증'이시다. 예수 그리스도께서 우리에 대한 투자증서에 서명하셨으므로 우리는 이 땅에서 전적으로 안전하다. 그러므로 우리의 삶은 영원한 가치를 지닌다.

나는 남아프리카의 역사상 암울했던 시기에 그곳에서 학생 시절을 보냈던 것을 기억한다. 우리는 다들 라디오 주위로 몸을 옹송그리고 BBC 국제방송에 귀를 기울이곤 했다. 우리는 분리주의를 멸절시키고 정의를 확립하는 데 열정적이었으며, 정규방송을 들으며 어딘가에 사람들이 훌륭한 가치에 따라 살아가는 또 다른 세상이 있을 거라는 희망이 생겼다. 희망이 짓눌릴 때 우리 모두는 붙들어야 할 어떤 외적 경험이 필요하다. 그리스도인은 이 세상이 전부가 아니라는 것을 알기에 참고 견뎌 나간다.

### 위대한 교환 – 우리는 실수를 어떻게 처리하는가?

런던 시에 우뚝 솟은 것은 왕립증권거래소라 불리는 거대한 건물로 그곳은 중요한 상업적 거래가 이루어지는 곳이다. 어느 날 그 건물을 지나 걸어가면서 나는 갑자기 마음의 눈으로 그리스도께서 우리를 위해 십자가에서 하신 일의 모습을 보게 되었다. 그것은 위대한 환전이었다. 환전이란 시장의 이미지다. 금융 거래자들은 전환사채와 금리 스와프를 이야기하고 우리는 모두 '환전과 시장'을 뒤적이며 거래 상품의 특징을 이해한다. 매일같이 우리는 하나님께 우리의 죄와 실수 그리고 실패를 가져가시고 이를 평화와 안정과 의지로 바꿔 달라고 간구할 수 있다. 우리는 단지 그분을 화나게 만드는 행동과 게으름의 죄를 가져가 달라고 그분께 간구함으로써 이 거래를 시작한다. 예를 들어, 이것은 누가 차를 구입하는 일처럼 현실적인 거래로, 당신이 돈을 판매인에게 주면 그는 돈을 자동차로 바꿔 준다. 하지만 차를 사는 경우와는 차이가 있다. 우리가 가져갈 것은 아무것도 없다는 사실이다. 예수님은 우리가 감당치 못할 거래를 제안하시고 마치 양측 모두의 입장에서 매매를 성사시키신다.

2002년, 프랑스의 프랑, 독일의 마르크, 베세타(스페인)처럼 예전에 유럽의 법화였던 것들이 새 통화인 유로로 변경되었다. 이젠 가게에서 프랑스 프랑을 사용할 수가 없고 유로만 통용된다. 이 몇 년 동안 누군가 프랑스 프랑을 잔뜩 들고 환전소에 들어가서 유로로 달라고 하는 모습을 상상해 보라. 그는 아마 가져온 것이 없다고 매매를 거절당할 것이다. 프랑스 프랑은 아무 가치가 없기 때문에 더 이상 유로로 바꿀 수 없다. 어떤 사람들이 이런 거래를 성사시킬 준비를 했다고 생각해 보라. 우린 그들이 기가 막히게 바보거나 놀랍도록 관대하다고 생각할 것이다. 왜 가치 있는 자산과 아무짝에도 쓸모없는 것을 교환하겠는가? 하지만 바로 이것이 예수님이 십자가에서 하셨던 일이다. 그분은 위대한 환전을 시작하셨고, 그럼으로써 우리의 가난 대신 그분의 부를 주셨다: "우리 주 예수 그리스도의 은혜를 너희가 알거니와 부요하신 자로서 너희를 위하여 가난하게 되심은 그의 가난함을 인하여 너희로 부요케 하려 하심이니라"(고후 8:9). 이는 강력한 말씀이다. 가난 대신

부, 죽음 대신 삶, 죄책감 대신 자유가 우리에게 주어진다.


### 용서하기 – 우리는 어떻게 관계를 회복할 수 있는가?

좋은 관계성을 유지하기 위해서 우리는 미안하다고 말하는 법을 배우고 일터에서 용서하는 연습을 해야 한다. 교회에서는 용서를 얘기할지 모르지만, 일터에서는 분명히 그렇지 않을 것이다. 하지만 그리스도인인 우리는 우리 자신이 용서받은 죄인임을 알고 있으며 그 때문에 우리는 솔선수범하게 된다. 내가 힘든 상황에서 일하고 있다면, 특히 과도하게 피곤한 경우에는 끊임없이 사람들에 대한 내 반응을 조심한다.

우리 행동이 주제넘다고 느껴질 때면 언제나 사과해야 한다고 생각한다. 비슷하게 우리가 부당한 대우를 받았다는 느낌이 들면, 우리 감정을 가라앉히도록 약간의 시차를 둔(24/48시간쯤) 뒤에 다른 사람에게 접근하는 것이 건설적이다. 우리는 큰 걸음을 내딛는 가운데 사소한 문제를 제기하며 친절한 태도로 일해 나가야 한다.

> 나는 일하는 방식이 탁월하긴 하지만 사람을 관리하는 데는 재능이 없는 다소 까다로운 사람들을 위해 일한다. 나는 그들에게 품은 원한의 목록을 작성하고 있는 내 모습을 깨닫곤 한다. 나 자신을 멈추고 아무리 사소하게 느껴

진다 해도 그들을 위해 기도하려는 노력을 하고, 내가 참아야만 했던 분노와 불공평에 대해 그들을 용서해야 했다. 이런 노력들이 내가 그들을 압박 받는 현실의 사람들로 볼 수 있게 도와주며 일하는 관계를 발전시킨다.

(이안 로이드, 법무관)

오늘날 세상의 크나큰 난관의 하나는 진리의 부패다. 많은 사람들이 진실을 환불이 약속될 때만 사들이는 거래 가능한 상품으로 취급한다. 우리가 진리를 말하기 위해 특별한 개인들에게 의지해야 하는 것이 아니라 다시 한 번 성실이 우리가 열망하는 가치로 간주될 수 있도록 신뢰할 만한 행동이 조직에 스며들기 시작해야 한다. 신뢰와 성실이 없는 사유 시장은 위험하다. 최근 스위스의 다보스에서 열린 세계 경제 포럼에 참석했는데, '어려운 신뢰'가 그 토의 주제였다. 눈을 끄는 주제라고 생각했다. 다른 사람을 신뢰하는 것은 힘들지만 그래야 한다. 아무리 우리가 혼자 일하는 걸 더 좋아한다 해도 우리에겐 서로가 필요하다. 이런 신뢰의 상호의존성은 삼위일체에서 비롯된다. 이것이 바로 영원한 신성에서 일어나는 일이기에 하나님은 이런 노력 속에 드러나신다. 그에 수반되는 모든 긴장과 즐거움이 기록으로 증명되듯, 예수님이 제자들과 신뢰의 관계성 속에 일하신 것보다 위대한 신뢰의 모범이 어디 있겠는가?

하지만 우리는 얼마나 실제로 한번 금이 간 신뢰를 다시 쌓는가? 우리는 모두 일터에서 깨어진 관계에 대한 깊이 묻힌 기억이 있다. 누군가 당신의 아이디어를 도용해서 자기 것으로 사칭한다. 누가 직장에서 당신의 성과에 대해 거짓말을 하거나, 중요한 프로젝트의 최종 순간에 아무 이유 없이 하차당하기도 한다. 어떨 때는 혼잣말이나 또는 다른 사람에게 이렇게 말한다: "나는 다시는 니콜라나 존을 믿을 수가 없어." 하지만 우리는 현실적으로 함께 협력해서 일해야 한다는 사실을 안다.

한번은 어떤 동료가 내게 솔직하게 대하지 않았는데, 그 뒤 그가 나를 헐뜯고 다닌다는 걸 다른 사람으로부터 듣고 나는 분노했다. 내 마음은 한편으로는 더 이상 그와 상관하고 싶지 않은 마음이었고, 또 한편으로는 우리가 한 지붕 아래서 같이 일해야 하기 때문에 서로 말을 섞을 수밖에 없다는 걸 알고 있었다. 솔직히 말하면 나는 다시는 그를 신뢰하고 싶지 않았다. 하지만 우리는 하나님의 형상으로 지음 받았다. 마음에 상처를 입었을 때 확고하면서도 사나운 독선적인 말을 쏟아내고 나면 끊임없이 더욱 모호한 양심의 가책을 받게 된다. 아무리 신중히 행동한다 해도 이런 상황에서는 어떻게든 조처를 취해야 한다. 어쨌든 감정적인 부분을 건드린 것이니 말이다. 신중을 기하는 것이 틀린 것은 아니지만, 새로운 관계를 형성하는 데 신중함이 마음에서 우러나는 자발성을 대치해서는 안 된다. 화해는 믿음의 본질이며, 이 본질이 보통 우리의 본성을 거슬러 신뢰를 다시 구축하도록 우리를 밀어붙인다. 미쁘신 하나님은 우리에게 다시 신뢰하라 가르치신다.

하지만 우리는 어떻게 일을 바로잡기 시작하는가? 첫 단계는 사실을 숨김없이 전하기를 원하는 것이다. 또 우리는 하나님께서 우리에게 화해할 마음이 들게 하셔서 설사 우리가 화해하고 싶지 않다 해도 그렇게 할 수 있는 은혜를 주십사고 하나님께 청할 수 있음을 안다. 그 후에 어떤 접근을 해야 한다. 내 경우에는 직접 짧은 편지를 써 보냈다. 전자우편은 종종 쉽게 분노를 불러일으킬 수도 있으니까. 그리고 우리는 솔직하게 대화를 했다. 어떤 사실에 대해 솔직하지 않으면 지속적인 가치도 없다. 설사 반응이 강경하다 해도 반응을 기대해 보라. 결국 신뢰가 깨어질 만한 죄를 지었다는 비난은 사람의 자존심의 본질로 이어진다. 서로 만났다고 해서 그 이전 상태로 저절로 돌아가지는 않는다. 시간은 걸리겠지만 우리의 행동이 그 사람을 전적으로 용서했다는 사실을 보여 주어야 한다. 내가 용서했으니 아무런 원망도 남아 있지 않음을 그가 알아주기를 나는 소망한다.

이런 이유에서 '우리 아버지'는 대단히 존귀하시다: "우리가 우리에게 죄 지은 자를 용서해 준 것같이 우리 죄를 용서해 주십시오." 우리는 용서받았기에 용서한다. 우리는 사실 이런 기도를 거의 충분히 하지 않는다. 이것은 실로 직장인들의 선언서다. 이렇게 간구할 때, 우리의 존재 바깥에서 오는 힘으로 우리는 새로운 신뢰의 자유 가운데 행할 수 있게 된다. 물론, 너무 순진한 것 아니냐고 비난하는 소리도 있을 것이다. 무엇보다 '다른 사람을 믿지 말라'는 것이 직장에서 상처 받아 본 적 있는 많은 사람들의 모토다. 때때로 우리는 너무 쉽게 누군가를 신뢰한 결과와 더불어 살아가야 한다. 이것이 그리스도와 함께 고난 받아야 할 우리 소명의 일부가 될 수 있을 것이다.

예수님은 주변 사람들을 신뢰하기를 간절히 원하셨다. 그분은 자신의 제자들을 믿는 위험을 무릅쓰셨다. 모든 신뢰는 위험을 내포한다. 그분은 무참히 버림받고 배신당하셨다. 하지만 그분의 메시지 중심에는 용서와 회복이 놓여 있다. 다시 신뢰하고자 하는 동기는 일터의 필요에서 발생하는 것이 아니라 바로 하나님의 본질에서 솟아난다. 신뢰에 금이 가면 늘 우리 인간성을 손상시킨다. 용서받은 모든 상처는 강해진다. 그것이 세상에서 하나님이 행하시는 방식이다.


### 실패와 실망 – 성장의 기회

우리가 참여하는 프로젝트가 실패하는 건 어쩔 수 없는 일이지만, 그렇다고 해서 당신이나 내가 실패작이라는 건 진실이 아니다. 젊은 은행가가 내게 "난 실패작이에요"라고 말한 기억이 난다. 이것은 정말 파괴적인 진술로 치명적인 심리적 영향을 미칠지도 모른다. 이렇게 말하는 것이 더 정확할 것이다: "나는 이 프로젝트에 실패했어요." 이것은 우리 인생 전체와 인격을 싸잡아 실패작으로 매도하지 않고 우리가 처한 상황의 현실을 대면할 수 있게 한다.

그때 우리는 실패를 인식함으로써 촉발될 수 있는 부정적 감정의 고리를 처리해야 할 필요가 있다. 실패는 그 뒤에 실망감이라는 객차를 끌고 달리는 기차와 비슷해서 그 뒤에는 자기연민, 그 뒤에는 거부감 그리고 "이젠 그만!"이라는 객차, 그리고 마지막에는 온통 염세주의로 가득 찬 객차가 차례로 연결돼 있다. 나는 특정한 실패에 대한 내 실망감이 삶의 다른 영역에까지 퍼져 나가지 않도록 노력한다. 공개매입 건을 성립시키려고 몇 달간 열심히 일했는데 거부당했던 일이 기억난다. 텅 빈 수첩에 의욕은 모조리 바닥난 채 나는 어떻게 해야 더 좋았던 걸까 의아한 기분이었다. 축 처진 기분에 약간의 자극에도 견딜 수 없을 정도로 마음의 여유를 잃어버린 나는 집으로 향했다. 이 경우에 내게 가장 도움이 되는 건 불리한 결정이나 실패한 거래보다 하나님은 훨씬 위대하신 분이라는 걸 나 자신에게 일깨워 주는 것임을 발견했다. 혼자서 큰 소리로 시편을 읽으면 하나님의 위대하심과 능력을 바라보는 눈이 회복된다. 우리의 관점을 회복하면 우리의 실망감을 제대로 바라보게 된다. 우리가 실패자가 되는 것은 오직 우리 안의 그리스도께서 실패하실 때다. 우리 안에 착한 일을 시작하신 그분이 완성의 날까지 이루실 것을 우리는 확신할 수 있다(빌 1:6).

업적 중심의 우리 문화에서 우리는 실패를 부끄러워하는 경향이 있다. 우리는 이를 전적으로 부정적으로 보고 덮어 가리려 애쓴다. 하지만 우리의 성장은 만사가 잘되어 가는 것처럼 가장하는 것이 아니라 실망감과 정면으로 맞서고 사실을 인정함으로써 이루어진다. 밤이 지나도록 일하고 나서 고기를 잡았느냐는 질문을 받았을 때, 제자들은 틀림없이 자신들의 실패를 정당화하고 싶은 유혹이 들었을 것이다. 하지만 그들은 이렇게 대답했다: "고기를 하나도 잡지 못했습니다." 그렇지만 그들은 여전히 예수님의 능력으로 상황이 호전되리라 믿었다. 그들이 그분의 말씀을 따라 오른쪽에 그물을 던졌을 때, 그들의 그물은 찢어질 만큼 가득 찼다(요 21:6). 이와 비슷하게 우리는 실패에 대해 과감하고도 솔직해야 하며, 특히 실망감이 압도적으로 밀려올 때는 하나님의 인도에 마음이 열려 있어야 한다. 건설적인 비평은 우리가 실수에서 배우도록 도와주며, 우리가 발전하고 자라는 주된 방법의 하나가 된다. 젊은 수련생인 나는 정부의 첫 민영화 건인 BP회사 주식 판매를 위해 작업을 하고 있었다. 나는 중요한 주식 교환 문서를 준비해야 했고, 그것으로 주식을 수백만이 되는 새 투자자들에게 배분할 수 있게 되었다. 그런데 내가 일을 망쳐 버렸다. 내 책상 주위에 사람들이 떼를 지어 기다리고 있었다. 스트레스는 심하고 마감일은 다가오는 중이었다. 은행장도 거기 와 있었는데 사실 성날 만도 했다. 하지만 그는 다른 사람에게 새로운 업무를 주고 둘만 있을 때 나를 질책한 다음(아주 공정한 일이었다), 어떻게 중요한 문서를 분류하는지 보여 주었다. 그날 나는 주식 교환에 대해 많이 배웠지만, 아마 실수로부터 배운 것이 더 많았을 것이다.

실패는 나의 교만을 죽이고 겸손을 키우는 데 도움이 되었다. 우리가 예수님을 따르고 경건한 성품을 키우고자 한다면 이것은 정말 중요한 부분이다. 하나님은 그분을 사랑하는 자들에게는 모든 것이 합력하여 선을 이룬다(롬 8:28)고 약속하신다. 이 말은 그분이 우리를 실패하게 만드신다는 뜻이 아니라 우리의 실패를 사용하실 수 있다는 뜻이다. 그분은 아주 기대치 못한 방법으로 좋지 못한 상황에서 선을 이끌어 내신다. 어떻게 이런 일이 일어날 수 있는지 우리가 상상할 수 없을 때도 말이다. 이것은 자신의 형들에게 팔리고, 학대당하고, 감옥에 갇혔지만, 마침내 복권되어 애굽의 총리가 된 첫 번째이자 유일한 이스라엘 사람이 된 요셉의 삶에서 드러난다: "당신들은 나를 해하려 하였으나 하나님은 그것을 선으로 바꾸사"(창 50:20).

> 우리는 만사가 잘못되어 가는 것처럼 보이는 3년의 기간을 거쳐 왔다. 나는 직장을 잃었고 그 결과 융자금 상환도 밀리게 되었다. 우리는 물어보는 사람들이 그리스도인다운 밝은 대답을 기대한다 해도 누구든 물어 오면 우리 상

황을 숨기지 않겠다는 결단을 의식적으로 내렸다. 무엇보다 하나님이 계시지 않는 것 같을 때 우리는 특히나 아주 연약하게 느껴졌다. 우리는 결국 모든 상황이 대체로 우리가 원했던 대로 풀려 나갈 거라고 늘 지레짐작했음을 깨달았다. 우리는 앞날에 대한 걱정을 누그러뜨리는 법이며 평안한 날이면 하나님이 우리를 어디로 인도하실까 마음이 설레는 느낌을 배웠다. 또 현재를 더욱 충만히 살아가다 보니 전반적으로 걱정도 줄었다. 또한 작금의 우리 상황에 대해 솔직한 태도로 임하면 다른 사람들도 우리에게 자신의 숨은 갈등을 솔직히 얘기함으로써 더욱 새롭고 깊은 관계성으로 이어지는 데 도움이 된다는 사실을 깨달았다.

(로저 필립, 자영업자)

## 실망에서 회복하기 – 소망을 회복하는 다섯 단계

현대 사회와 남아프리카의 방랑하는 산족 사람들의 사회적 행태를 관찰하며 삶을 보낸 남아프리카의 철학자요, 인류학자인 로렌스 반 데 포스트는 이런 말을 했다: "내게 있어 역사의 교훈이란 인간과 그들의 사회는 무의미한 상태만 아니라면 어떤 악이든 참아내고 극복할 수 있다는 사실이다"(「부시맨과 산책을」).

직장에서 매일 희망과 목적을 갖고 살아가는 것은 우리의 행복에 필수적이다. 목적에 이끌리는 사람들이 삶에 대한 긍정적인 사고방식을 가지고 일터에서나 그 밖의 영역에서 더욱 훌륭한 결과를 낳으며 그들이 살아가는 공동체에 영향을 미친다는 말은 옳다. 우리의 실패와 실망이 겹쳐 기다릴 능력을 잃었을 때는 소망을 회복하는 것이 중요하다. 어떻게 할 것인가? 실망에서 회복되려는 노력을 할 때 유용해 보이는 다섯 가지 지침이 여기 있다.

### 1. 하나님을 의지하라

예수님이 십자가 고난을 당하신 뒤, 제자 중 두 사람이 예루살렘에서 11킬로미터쯤 떨어진 엠마오라는 마을로 걷고 있었다. 그들이 최근 일어난 일들을 이야기할 때, 누군가 와서 그들과 동행하며 그들의 풀죽은 모습을 발견하고 그들이 무엇을 얘기하고 있는지 물었다. 그들이 그분이 예수님이라는 걸 깨달은 것은 나중에서였다. 처음에 그들은 너무 실망감에 빠져 소망의 주님이 그들과 동행하고 계심을 깨닫지 못했다. 우리의 실망을 솔직하게 대면하고 그 때문에 우리가 어떤 기분이 들었는지 인정하는 것은 중요하다. 하지만 우리가 실망감에 제대로 대처하지 못하면 그에 압도될 수 있고, 소망의 주님께서 선악 간에 우리와 동행하시며 우리를 버리지 않고 항상 함께 있겠다고 약속하신 것을 잊어버릴 위험에 처한다(마 28:20).

우울할 때면 종종 우리는 어떤 식으로든 우리 불행에 그분을 연관시키면서 본능적으로 하나님으로부터 돌아서길 원한다. 이것은 큰 실수다. 자조 이론에 따르면, 아무리 내면을 뒤져 봐도 거기엔 우리의 기운을 북돋울 만한 것이 아무것도 없다는 걸 알게 될 뿐이다. 우리는 자발적으로 하나님을 향해 힘을 낼 필요가 있다. 그렇게 할 때 우리를 향한 그분의 사랑과 십자가상에서의 그분의 승리와 부활의 능력이 기억난다.

우리는 아직은 완성되지 않았지만 최후의 심판날에 만인의 부활로 창조될 것이라는 소망으로 살아가지만 이 땅에는 '긴장된 기다림'이 존재한다. 일뿐 아니라 피조물 전체도 불완전 속에 신음하며 하나님이 약속하신 새 하늘과 새 땅을 기다린다. 그리스도께서 다시 오시리라는 소망은 현재 우리 직장의 환경이 고되고 부정적이라 해도 기대감을 갖고 살아갈 수 있게 한다.

### 2. 사실을 직시하라

우리의 실망을 다루게 될 때는 사실주의가 극히 중요하다. 나는 아브라함에 대해 "그가 백세나 되어 자기 몸의 죽은 것 같음과 사라의 태의 죽은 것 같음을 알고도 믿음이 약하여지지 아니하고 믿음이 없어 하나님의 약속을 의심치 않고 믿음에 견고하여져서 하나님께 영광을 돌리며"(롬 4:19~20)라고 얘기하는 로마서의 설명에서 엄청난 격려를 발견한다. 그는 자신과 아내 둘 다 출산할 나이가 지났다는 사실을 직시했지만, 그들에게 자녀를 주시는 하나님의 능력에 늘 마음을 열었다.

사실이란 철저한 현실이다. 우리 자신의 실망을 다룰 때는 혹시 있을지 모를 환상과 백일몽을 피해야 한다. 지나간 과거를 적당히 재구성하는 것은 아무 소용이 없다. 우리의 상황을 변화시키고 더 이상 과거에 사는 일을 멈추고 미래를 변화시키며 능력을 부여하는 것은 오직 하나님이시다.

### 3. 성경을 묵상하라

성령께서 인도하시면 우리는 성경에서 우리 상황에 적합한 하나님의 약속을 발견한다. 그럴 때 우리는 말씀의 의미를 소화해서 그 진실이 우리 존재의 일부가 될 때까지 말씀을 읽으며 곰곰이 새기고 큰 소리로 말해 본다. 부정적인 생각과 두려움에 너무나 자주 소망이 공격받는 까닭에 나는 특정 구절을 외우고 묵상하는 것이 유익하다는 걸 발견한다. 나는 "소망의 하나님이 모든 기쁨과 평강을 믿음 안에서 너희에게 충만케 하사 성령의 능력으로 소망이 넘치게 하시기를 원하노라"는 로마서 15장 13절을 외우는 데 몰두한 적이 있다. 창조적인 성령님을 통해 하나님은 우리가 소망 안에서 자라고, 우리 자신의 편협함의 한계를 깨며, 우리가 하나님이 정말 변화를 이끌어 내실 수는 없다는 믿음으로 구축해 온 삶의 영역을 바꾸게 하신다.

### 4. 일기를 써라

나는 보통은 글을 쓰는 것보다 말하는 것이 더 쉽다는 걸 발견하지만, 특히 어려움을 겪고 있을 때는 일기를 쓰는 것이 유익하다는 걸 발견한다. 이것은 내가 생각하고 느끼는 바를 분명히 말하게 한다. 기록된 말은 더욱 객관적인 울림이 있는 듯하며 나중에 다시 읽어 볼 수도 있다. 이전에 실망했던 일을 돌이켜 보면, 그 당시는 희망이 없어 보였던 상황에서 선을 이끌어 내시는 하나님의 손길을 직장에서 종종 발견할 수 있다. 돌이켜 보면 나는 하나님께서 내게 "영원한 위로와 좋은 소망"(살후 2:16)을 주셨음을 깨달을 수 있다. 내 회상은 '역시나 또 다른 실패'로부터 거부와 환멸의 시기에서 나온 선으로 초점이 변화된다.

### 5. 소망 가운데 인내하라

우리가 삶의 무거운 짐을 지고 소망이 사라지는 기분일 때 자연히 우리는 즉각적인 만족과 당장의 기분의 변화를 갈망한다. 하지만 그런 일은 별로 없다. 실망을 겪으며 살아가는 법을 배우고 오랜 시간 동안 소망을 회복하며 인격은 발전된다. 우리는 하루의 마지막에 우리를 지치게 만드는 압박감이 역전될 것이라는 약속은 받지 않았다. 하지만 우리가 인내한다면, 하나님은 우리가 모든 것을 접을 준비가 될 때 오히려 계속 전진할 수 있게 하실 것이라는 용기를 얻는다.

최근 U2 콘서트에서 보노는 그가 젊은 직장인으로 첫 발을 내디딜 때 아버지가 해 주신 조언을 회상했다: "꿈을 꾸지 마라. 꿈을 꾸면 실망하거든." 다행히 보노는 이 조언을 받아들이지 않았다. 그는 감히 꿈을 품었으며 실망할 위험을 무릅썼다. 우리의 꿈이 희미해지거나 사라질 때 환멸을 느낀다 해도 그리스도인은 역동적이고 능력이 있기에 거기에서 벗어날 수 있는 반면, 낙담은 우리를 위축시키고 의욕을 감소시키며 지평을 줄어들게 하는 경향이 있다. 그리스도인의 소망은 풍성함과 포기, 창조성과 회복을 향한 열린 마음을 표현한다.

어떤 고객은 내게 이런 말을 했다: "이 계약에서 당신은 부드러운 고양이가 되거나 호랑이가 되겠죠. 이제 가서 호랑이가 되세요." 부드러운 고양이, 즉 좋은 느낌, 근사한 명분 등 우리를 지속시키는 무엇처럼 그리스도인의 소망은 길들여진 것일 때가 너무나 많다. 우리는 호랑이 같이 거친 소망을 회복할 필요가 있다.

### 자연스러운 은혜의 리듬 – 소망을 품고 살아가는 법

우울해지면 우리는 기능적으로 문제 있는 삶을 살아가기 쉽다. 마치 우리가 없애지 못하는 부단한 상처가 있는 것처럼 우리의 삶 속에 부정적인 웅어리를 떠올리게 한다. 제자들은 우리처럼 피곤하거나 지쳐 자주 넘어졌고 예수님은 그들에게 새로운 삶의 리듬을 회복시키고 '자유롭고 가볍게 살아가는' 법을 보여 주겠다고 약속하셨다. 우리의 과제는 그분의 뜻을 구하고 그 후에 그분의 목적에 맞추어 우리의 삶을 조율하는 것이다. 과제 속에는 필히 우리의 삶의 형태에 대한 면밀한 관찰, 사무실에서의 우리의 작업 그리고 우리의 복지와 의욕을 빈번히 중단시키는 여타 활동들이 포함된다. 물론 무익하고 우리를 지치게 만드는 활동은 마땅히 차단해야 한다. 이 문제에 대해 예수님이 우리에게 하시는 조언은 아주 강력하다: "피곤하고 지쳤느냐? 종교에 염증이 나느냐? 내게 오너라. 나와 함께하면 너희는 소생할 것이다. 실전에 임하는 법을 너희에게 보여 주겠다. 나와 함께 동행하고 나와 함께 일해라. 내가 하는 일을 지켜보아라. 자연스러운 은혜의 흐름을 배워라. 나는 무거운 짐이나 잘못된 일을 너희에게 지우지 않을 것이다. 나와 교제하면 너희는 자유롭고 가볍게 살아가는 법을 배울 것이다"(마 11:28~30, 「메시지」 성경).

나는 정신과 자문 의사로 직장에서 어려운 결정을 내려야 하는 일에 계속해서 부딪힌다. 과거에는 일이 틀어질 때면 의심과 자기 비난에 빠지기 일쑤였다. 나는 이를 가리려고 치밀한 전략을 세웠지만 혼자 있는 개인적인 시간에는 내 성격의 갈라진 결함이 결국 나를 천 갈래로 쪼개어 회복할 소망은 없다고 생각했다(정말 내게는 위험천만의 순간이었다).

1997년에 나는 알파코스에 참석하기 시작했다. 무엇보다 내게는 삶이 끝나 버릴 것 같은데 아무도 이해해 주지 못하는 것 같았기 때문이다. 유일한 그리스도인 친구가 내 방어선을 꿰뚫어보았고 그녀는 자신의 알파 그룹에 오라고 제안했다. 나는 '도대체 뭐야!' 라고 생각하면서 다른 사람이 일부러 꾸미거나 우스꽝스런 표현들을 하면 나는 분별할 수 있을 줄 알았다. 나는 알파코스를 비교적 해롭지는 않지만 뜻을 알 수 없는 기독교와 관계가 있는 상식 정도로 받아들였다. 나는 이때 일과 관련된 주제로 열리는 주말 기독교 컨퍼런스에 참석했다. 기독교 회사에서 이틀간을 보냈는데도 나는 그 행사가 끝날 때쯤에는 술집에 가고픈 심정이었다. 기노를 할 기회가 있었는데 나는 순수하게 나를 위해 기도해 줄 두 친구 옆에 앉게 되어 뿌듯했다. 나는 즉시 '하트 그림과 같은' 내 심장(즉 해부학적으로 가슴 중심에 더 가까운 위치가 아니라)을 통과하는 힘에 의해 내 자리에 나가떨어지는 바람에 대단히 놀랐다.

나는 뜻하지 않은 안도감으로 가득 찼고, 기쁨이 밀려들며 온몸의 긴장이 풀렸다. 이것이 성령님이심을 이제는 안다.

직장에서 무슨 일이냐고 묻는 사람이 있으면 나는 어떤 행동의 변화를 이야기하려 노력했다. 하지만 나는 많은 친구들과 동료들이 내가 함께 지내고 일하기에 더욱 좋고 훨씬 편한 사람이 되었다고 말하며 알아주는 것에 감동되었다. 어떤 이들은 내가 무엇에 관계하고 어디서 그런 생각을 얻었느냐고 물었다. 지지가 되고 신뢰할 만한 동료요, 친구로 비춰지는 능력은 점차 증가했다. 내 일의 임상적·학문적 영역 모두 과학 논문의 발표 증진과 전문 컨퍼런스에서의 발표로 유익을 얻었다. 이것은 양적으로 측정되는 결과였다. 질적으로 우수하기도 했지만 훨씬 더 놀라운 사실은 환자들과 친척들, 병원 동료들이 내게 반응하는 태도였다. 가장 인상적인 변화는 내적인 것이었다. 실패 뒤에 끊임없이 자기 비난으로 닦아세우는 일은 이제 사라졌다. 이 모든 것은 여느 일시적 유행처럼 점점 사라지겠지만, 몇 년 뒤에는 하나님의 은혜와 사랑과 친밀성에 대한 나의 깨달음이 어느 때보다 강해지기를 기대했다.

(켄 체신스키, 정신과 자문 의사)

우리가 다른 사람을 도울 수 있다는 걸 깨달을 때, 이것이 실패로 손상된 소망을 회복하는 데는 크게 도움이 된다. 우리가 힘든 시간을 겪을 때는 다른 사람들이 자신의 삶을 정비할 수 있도록 우리가 일조할 수 있다고 믿지 않는다. 하지만 그렇지 않다. 종종 우리의 삶이 어려울 때 일터에서 압박에 시달리는 동료들에게 훨씬 더 공감할 수 있다. 우리가 유용한 사람이 되고 소망이 다시 자라는 것을 보기 전에는 완벽한 균형을 지닌 삶을 살 필요가 없다. 우리가 의식적으로 눈을 들어 우리 자신의 문제를 바라보며 다른 이들을 격려하겠다는 결단을 내릴 때 우리는 점차 회복되는 것을 발견한다.

요약하자면 소망은 우리 시대의 잊힌 미덕으로 종종 믿음의 강인함과 사랑의 연약함 사이에 위치한다. 세상이 알아야 할 것은 하나님의 계획은 그리스도 안에 모든 것을 집약하는 것이며, 우리를 통해 이 소망이 지금 우리의 일터와 세상 속에서 알려지리라는 사실이다. 그러므로 소망이 능력 있는 것은 미래에도 그렇듯이 우리가 현재를 살아갈 수 있게 하는 까닭이다. 하지만 우리는 소망을 기발한 생각 정도로 사소하게 여겨 왔다. 급진적인 소망은 힘들고 어려우며 때로는 불가능한 상황(우리가 일터에서 성기석으로 만나는 상황)적 현실에 주목하면서도 우리가 이런 현실을 무시하지 않고 그리스도 안에서 확신 있게 맞서 싸울 수 있게 한다. 이것이 바로 일터에 임하시는 하나님의 능력이다. 하지만 소망과 인내는 함께 간다. 소망이 없다면 왜 인내하겠으며 왜 한순간의 삶을 위해서나 즉각적인 이익을 위해서 살지 않겠는가? 하지만 인내 없는 소망은 단번에 시험에 들게 마련이다.

대주교 로완 윌리엄스는 나라를 위해 새 '희망의 문화'를 요구했다. 이것이 적당한 때임은 분명하다. 우리는 다 함께 우리의 일터에서 시작해서 일터와 국가의 영적 활기를 그토록 해치는 절망과 고갈을 역전시키려는 열망을 공유할 수 있다.

나는 메시앙의 '종말을 위한 사중주' 초연에 얽힌 이야기를 좋아한다. 1941년, 작곡가 올리비에 메시앙은 프랑스인 전쟁 포로에 섞여 실레시아의 독일군 포로수용소(Stalag 8A)에 있었다. 그는 복음서와 요한계시록을 읽고 예수님이 다시 오실 것을 믿게 되었다. 그는 이 소망이 주위의 고통 받는 사람들에게 의미를 부여한다고 믿었다. 그런 지독한 상황에서는 내일에 대한 소망이 오늘의 삶을 살아가는 데 반드시 필요하다는 것을 그는 이해했다. 그는 강제수용소를 돌아다니며 간신히 네 개의 악기를 모았다. 줄이 하나 없는 첼로, 찌그러진 바이올린, 낡은 클라리넷과 건반이 부서진 피아노였다. 이 부서진 악기들의 희한한 조합으로 그는 20세기의 가장 위대한 음악 작품 중 하나를 써 냈고, 메시앙은 이를 '종말을 위한 사중주'라고 불렀다. 이 작품이 실레시아의 냉랭한 땅에서 5천 명의 전쟁 포로 앞에서 연주되자 청중들은 정신없이 귀를 기울였다. 메시앙은 이렇게 기록한다: "추위가 고문처럼 괴롭히는 눈에 파묻힌 수용소에서 네 명의 연주자들은 부서진 악기를 연주했다 … 하지만 나는 그렇게 열정적으로 이해하며 듣는 청중들은 만나 보지 못했다." 그런 독특하게 결합된 악기들은 예기치 못한 소망의 대리자였다. 이와 비슷하게 우리가 인격적으로나 영적으로 미숙하고 불완전하게 느낀다 해도 우리가 함께 행할 때 하나님은 우리를 세상에서 소망의 대리자로 사용하신다.

# Money and Giving
## 돈과 자선

# Money and Giving

　우리는 대부분 노동의 결과로 매달 월급을 받는다. 물론 돈이 유일한 보상은 아니지만, 돈은 다소 다른 모습으로 비춰진다. 우리는 돈을 받으면서 때로는 긍정적으로, 때로는 켕기는 마음으로 반응한다. 우리는 대체로 봉급 얘기는 하지 않으려 든다. 우리가 버는 돈이 우리 삶에 미치는 영향은 어떤 것인가? 우리의 기본적인 물질적 필요를 공급할 돈은 필요하지만, 그것이 행복까지 가져다주는가? 우리들은 대개 그렇지 않다고 말하면서도 마음 깊은 곳에서는 호화롭게 휴일을 보내면 만사가 달라질지도 모른다고 느낀다. 부유하고 유명한 사람들의 삶을 노출해서 보여 주는 잡지들은 불티나게 팔린다. 유행을 선도하는 옷장, 완벽한 아이들, 멋진 성생활과 건축가가 디자인한 집들이 지면을 가득 메우고 있으며, 이것은 우리 자신의 목표에도 영향을 미친다. 돈을 더 많이 벌겠다는 욕망이 소위 '부자 병', 즉 계속해서 더 많이 갖겠다는 욕심을 부리는 병에 걸린 많은 사람들을 무력케 했다. 가이 드 로스

차일드는 자신의 삶을 돌이켜보며 돈에 대해 이런 말을 했다.

모든 사람이 돈을 소유하지만, 충분히 가진 사람은 아무도 없다. 돈에 대해 얘기하는 것은 꺼리면서 그들은 오로지 돈만 생각한다. 사람들은 자신들의 깊은 친밀감, 경쟁, 자신의 승리, 좌절, 자신의 야망, 자신들의 분노에 이를 쏟아 붓는다. 밤이 되면 이것은 실재하는, 강렬하고 우리를 깨닫게 하며 보호하는 압도적인 무언가로 자라난다. 변화무쌍한 신 … 이것은 수단이었지만, 이제는 목적이 되어 간다.

학개 선지자의 묘사는 우리 시대에도 적절해 보인다: "너희가 먹을찌라도 배부르지 못하며 마실찌라도 흡족하지 못하며 입어도 따뜻하지 못하며 일군이 삯을 받아도 그것을 구멍 뚫어진 전대에 넣음이 되느니라"(학 1:6).

재정적인 판단은 이렇게 더 많이 추구함으로써 손상을 입는다. 사람들은 터무니없이 막대한 융자금이나 매월 거금의 신용카드 대금을 내는 부담을 떠안고 있다. 대출금 상환의 부담은 돈을 어마어마한 무게로 바꿔 놓는데, 이것은 파괴적이다. 신용카드는 아무 때나 쉽게 구입할 수 있게 하려는 것이지만, 종종 우리의 탐욕을 부추기는 연료가 된다.

## 흥분과 지위 – 돈이 가져다줄 수 있는가?

수도 라디오(Capital Radio)에서 방송되는 시청자 전화 참여 프로그램에서 진행자가 전화한 청취자에게 이렇게 물었다: "오늘 밤에 뭐 하실 겁니까?" 그가 대답했다: "아유, 심심해요." "왜 심심하세요?" 하고 진행자가 물었다. "돈이 하나도 없으니까 그렇죠." 전화한 사람의 생각은 돈이 자신의 지루함을 날려 버리고 즐거움을 줄 수 있다는 것이다. 우리 중 많은 사람들이 주말을 기대하며 직장에서의 한 주를 견디거나, 두 주의 휴가라는 보상을 위해서 1년 동안 직장에서 고군분투한다. 우리는 돈이 있으면 따분하고 괴로운 일에서 해방된다고 믿는다.

알리안스 부츠(Alliance Boots, 영국의 보건미용 분야 전문 제약회사-역주)의 회장 나이젤 러드 경은 돈이 그에게 동기를 부여하느냐는 질문을 받자 이렇게 대답했다: "돈이 당신에게 인생의 기회를 주죠." 맞는 말이지만, 이런 선택의 기회 중 어떤 것이 행복을 촉진하는가? 유럽의 한 주요 통신회사의 총재와 회의를 하면서 창밖을 보니 그의 벤틀리가 보였다. 그건 그의 섬 저택에서 요트로 출항할 때 신고 온 것이었다: "그런 건 저한테 별로 중요하지 않습니다. 중요한 건 이런 것들로 수준이 매겨진다는 거죠." 돈은 그에게 지위를 부여했다. 그의 소유는 다른 사람과 비교해서 그가 이룬 성과에 대한 가시적이고 공개적인 척도가 되었던 것이다.

## 예수님인가 돈인가 – 누가 주인이 되겠는가?

예수님은 돈과 소유의 문제를 다루시는 데 가르침의 절반을 할애하셨다. 그분이 하신 비유의 많은 부분이 부자와 농경, 사업, 빚의 탕감, 관리 수행 등 일상적인 상업의 실례들이었다. 이런 가르침은 지금도 부유한 시대의 충족된 삶을 위한 근간을 형성한다. 예수님은 이런 말씀을 하셨다: "집 하인이 두 주인을 섬길 수 없나니 혹 이를 미워하고 저를 사랑하거나 혹 이를 중히 여기고 저를 경히 여길 것임이라 너희가 하나님과 재물을 겸하여 섬길 수 없느니라"(눅 16:13). '미워하다', '사랑하다', '중히 여기다' 등의 단어들은 상업적인 용어가 아니라 정서와 관계에 사용되는 평범한 단어들이다. 핵심적인 질문은 우리가 누구와 이런 관계를 맺을 것인가이다. 하나님을 섬기기로 선택한 사람들은 그분을 주인으로 인정하며 재물을 적절한 위치에 둔다. 그렇지 않은 사람들, 실제로 돈을 택한 사람들은 돈이 그들을 지배하게 된다. 이런 점에서 돈이란 경제학자들이 교환의 중립적 토대라 설명하듯이 순수하게 명목적인 어떤 것이 아니라 보이지 않는 강력한 힘이 그 안에 내재한다. 돈이 우리 마음을 몰아가면, 우리를 자기중심적인 사람으로 만들고 다른 관계는 밀어내는 경향이 있다. 돈에 집착하는 우리 삶은 어쩔 수 없이 빙빙 돌며 추락할 수 있다. 융자금과 소비자 신용카드를 합해서 조심해서 떠안아야 하는 빚은 단순한 판단이 아니라 영적인 문제다.

돈과 소유에 대한 우리의 접근은 지리적 문제이기도 하다. 예수님은 말씀하신다: "네 보물 있는 그 곳에는 네 마음도 있느니라"(마 6:21). 그래서 우리는 성령의 위치 탐지기를 사용해서 우리의 진정한 '보물'이 있을 장소를 정확히 정해야 한다. 보물이란 쉽게 말해 우리가 삶에서 가장 귀하게 여기는 것이다. 내가 정말 목표를 정하고 추구하는 것은 무엇인가? 하지만 우리는 이때 예수님이 우리에게 세상에서 하늘에 보물을 쌓으라는 과제를 주셨음을 기억한다. 그것이 무슨 뜻인가? 아주 단순하게 말하면, 우리를 이끄는 동기가 정말 무엇인가를 결정해야 한다고 믿는다. 만일 그 동기가 전적으로 이기적이고 물질주의적인 것이라면, 우리는 이를 돌이켜 다른 사람에 대한 봉사라는 동기로 행동하고 태도를 취해야 한다. 보물을 하늘에 쌓아 두는(마 6:20) 것은 일상의 일을 잘 수행하고 돈을 적절히 사용하며 다른 사람을 축복하려고 행한 활동, 주변 사람들의 필요를 해결하며 베푸는 관용을 모두 합한 것들에 지나지 않는다.

돈에 대한 우리 자세는 우리 수입 수준이 아니라 하나님과 돈 사이의 근본적 선택에 의해 결정된다. 봉급 수준은 분야마다 대단히 다양하며 꼭 우리 일의 가치나 복잡성을 그대로 반영하는 것은 아니다. 프로 축구 선수의 수입과 간호사의 수입을 대조해 보기만 하면 이 문제는 명확해진다. 여기서 중요한 핵심은 우리가 가진 것으로 우리가 무슨 일을 하는가이다. 나는 얼마 안 되는 장학금을 받고 있는 한 신학생과 얘기한 적이 있다. 나는 더 많은 소유를 원하는 그의 탐욕에 놀랐다. 그와 동시에 개인적인 상황이 그 신학생과 다를 바 없는 한 청년 선교회의 지도자와 얘기하면서 깊은 감동을 받았다. 그와 그의 아내는 내게 자신들의 예산을 보여 주었다. 나는 그렇게 아낌없이 베푸는 그들의 모습을 믿을 수가 없었다. 특히 자신들은 다른 사람들의 자발적이고 불확실한 기부금으로 살아가면서도 말이다.

나는 한 억만장자의 개인 전용기에서 그의 옆에 앉아 비슷한 대화를 한 기억이 난다. 나는 더 갖고 싶어 하는 그의 욕망의 목록에 섬뜩했다. 그는 탐욕에 사로잡힌 사람이었다. 하지만 다른 억만장자에게 수십억 달러에 주요 소매업체를 매각하라고 조언했을 때 그가 자신의 재산은 위탁받은 것이므로 자신은 욕심이 없다고 말하는 그 겸손함에 나는 마음이 흔들렸다.

누가복음 18장에서 예수님이 젊은 부자 관원을 만나셨을 때, 그분은 그 젊은이의 삶 전체가 그의 '막대한' 재산과 결탁된 까닭에 위험에 처했음을 아시고 그에게 모든 소유를 팔라고 요구하신다. 그는 슬픈 표정으로 자리를 떠난다. 하지만 모든 사람이 소유를 전부 팔라는 부르심을 받는 것은 아니다. 사실 잠언 31장에는 여인이 일을 활발히 하고 자신의 무역에 확실히 이익을 내는 것으로 칭찬받는다. 이야기는 계속해서 예수께서 부자가 하나님 나라에 들어가는 것이 얼마나 어려운가에 대해 말씀하시는 것으로 이

어진다: "약대가 바늘귀로 들어가는 것이 부자가 하나님의 나라에 들어가는 것보다 쉬우니라"(눅 18:25)는 말의 정확한 의미는 주석가들마다 의견이 갈린다. 예수님의 많은 말씀들처럼 그분이 유사점을 나타내려고 전적으로 다른 두 개의 심상을 제시한다는 것이 나는 놀랍다. 낙타가 바늘귀를 지나가는 것은 어려운 정도가 아니라 불가능한 일이다. 다른 해석은 바늘귀가 예루살렘 밖에 낙타가 지나가려면 가진 짐을 다 내려놓아야 하는 좁은 통로를 가리킨다는 것이다. 어느 쪽이든 예수님은 부자가 천국에 들어간다는 것이 불가능함을 분명히 말씀하신다. 그러면 천국은 가난한 자들만 살 수 있을 거라는 결론을 내려야 할까? 이 대목에서 아마도 선주와 잘 사는 어부들이었을 예수님 주변 사람들인 절망적인 중산층의 괴로움이 느껴진다: "그런즉 누가 구원을 얻을 수 있나이까." 예수님은 이렇게 대답하신다: "무릇 사람의 할 수 없는 것을 하나님은 하실 수 있느니라"(눅 18:27).

오늘날 세상에서 예수님을 따르는 것은 단지 어려울 뿐 아니라 불가능한 일이다. 그렇게 하려면 우리는 하나님의 도우심이 필요하다. 그분만이 적대적인 세상에서 의롭게 살아야 한다는 명백히 불가능한 요구를 그리스도의 제자를 위해 전적으로 가능한 삶의 방식으로 바꿔 놓으실 수 있다.

하지만 베드로의 반응은 일종의 분노로 나타났다: "보소서 우리가 모든 것을 버리고 주를 좇았사오니 그런즉 우리가 무엇을 얻으리이까"(마 19:27). 그의 반응을 이해할 수는 있다. 우리는 상황이나 프로젝트, 우정 등을 평가하며 속으로 '그래서 내겐 무슨 이득이 있지?'라는 질문을 던질 때가 얼마나 많은가? 자기 유익에 대해 정직하게 질문하자 예수님의 확신에 찬 보증의 말씀이 주어진다. 누구든지 관계에서나 소유에서 예수님을 가장 우선시하는 사람은 현세에서 여러 배를 받고 또 다음에는 훨씬 많은 것(영생)을 상속할 것이라는 것이다(마 19:29).

우리는 작업을 훌륭히 해낸 데 대해 공평한 보상이 이루어지길 기대해야 하며, 봉급 협상을 진행하고 타당한 급여 인상을 요구할 때 자신감 있으면서도 관대해야 한다. 예수님은 분명히 "일군이 그 삯을 얻는 것이 마땅하니라"(눅 10:7)고 말씀하셨다. 바울도 세 가지 이미지를 들어 힘든 노동의 대가를 보상하는 장점에 대한 자신의 열렬한 믿음을 강조하며 이 메시지를 강화한다. 그는 그 시대의 군인들에 대해 말한다. 그들은 용병들이므로 적절한 보수를 받을 권리가 있다. 바울은 계속해서 수사적으로 이렇게 묻는다: "누가 포도를 심고 그 실과를 먹지 않겠느냐 누가 양떼를 기르고 그 양떼의 젖을 먹지 않겠느냐"(고전 9:7). 그는 단호하다: "밭 가는 자는 소망을 가지고 갈며 곡식 떠는 자는 함께 얻을 소망을 가지고 떠는 것이라"(고전 9:10). 어느 정도의 개인적 동기 없이 일터에서 효과적으로 일한다는 건 불가능하며 여기에는 목표 설정과 우리 업적에 대한 보상이 포함될 것이다. 하지만 돈과 우리 관계가 하나님과 우리 관계를 위협한다면 근본적인 선택이 이루어져야 한다. 돈 자체는 악이 아니지만, 돈에 대한 탐욕은 모든 악의 뿌리로 우리를 위험한 욕망에 사로잡히게 하며 결국 파멸을 자초하게 된다(딤전 6:9~10).

### 탐욕인가 관대함인가 – 우리는 돈을 어떻게 다루는가?

예수님은 사회 주변의 가난한 사람들에 대해 특별히 관심이 있으셨다. 하지만 그분은 부자와 특권층들과 함께 음식을 잡수시기도 했으며(눅 11:37, 눅 14:1), 가나의 혼인잔치에서 즐기셨고(요 2:1), 값비싼 향유로 기름부음 받는 것을 별다른 이의 없이 받아들이셨다(마 26:7). 그분은 떳떳치 못하게 중간에서 타협하는 대신 인간 계급의 양극에서 치열하게 사셨다.

파이와 내가 결혼했을 때, 결혼식의 중심 주제는 요한복음 10장 10절이었다: "내가 온 것은 양으로 생명을 얻게 하고 더 풍성히 얻게 하려는 것이라." 우리는 선한 삶으로 부름 받았지만, 이는 하나님과 다른 사람들과의 관계 속에서만 누릴 수 있다. 그러므로 우리가 일의 재정적인 보상을 즐기는 데 방어적이 될 필요는 없다.

우리는 풍부에 처할 줄도 알고 궁핍에 처할 줄도 알았던 바울의 능력을 발전시키는 것을 목적으로 삼아야 한다(빌 4:11~12). 하나님은 우리를 돈으로 축복하실 수도 있지만, 그렇다고 이것이 꼭 그분이 찬성하신다는 증거는 아니다.

마틴 루터는 이렇게 말했다: "꼭 필요한 세 가지 회개가 있다. 마음과 정신 그리고 지갑의 회개다." 삭개오가 예수님을 만났을 때, 그는 즉시 공개적으로 자신의 재산을 정리해서 그 절반을 가난한 자들에게 주고 누구든지 자신이 속여 빼앗은 것은 네 배로 돌려주겠다고 선언했다. 예수님은 "오늘 구원이 이 집에 이르렀으니 이 사람도 아브라함의 자손임이로다"(눅 19:9)라고 그에게 말씀하셨다. 우리의 재정 문제를 정리할 때 우리는 하나님이 뜻하신 충만한 삶을 살아가는 축복을 받게 된다. 이는 일회성 사건이 아니라 삶이 진행되는 방식이다.

나는 늘 누가복음 16장 10~11절에서 예수님이 돈과 관련해 하신 말씀에 충격을 받는다. 첫째로, 작은 돈을 적절히 다룰 수 있다면 큰돈도 맡을 수 있다. 하지만 부가가치세를 사취하거나 버스 요금을 속이는 등 작은 일에 바르지 못하다면, 누가 큰일에 당신을 신뢰하겠는가(눅 16:10)? 두 번째로, 돈을 제대로 다룰 수 없다면 누가 참된 재물로 당신에게 맡기겠는가(눅 16:11)? 시험은 작은 것에 있다. 우리가 돈을 사용하는 사소한 방식으로 다른 사람들뿐 아니라 하나님께서 우리를 어떻게 신뢰하시는지가 결정된다. 내가 하나님과 더 깊은 영적 관계를 누리기를 갈망할 때, 나는 종종 성실하게 돈을 관리하는 것 같은 작은 일부터 시작해야 한다는 사실을 스스로에게 일깨운다. 물질적이고 영적인 것은 함께 합력하여 하나님과의 선한 관계를 자라게 한다.

자본주의 경제는 돈을 움켜쥐는 데 근거한다. 예수 그리스도의 경제는 다르다. 재원을 축적하는 것은 당연히 은행 계좌를 부풀리겠지만, 그와 더불어 일상적인 나눔에서 비롯된 기쁨을 가져다주지는 못한다. 나는 좀 특별한 방식으로 내가 더 많이 나눌수록 하나님의 축복이 더 커진다는 사실을 발견했다. 이것이 많은 그리스도인들의 간증이다.

### 의무와 특권 – 왜 우리는 나누는가?

나눔은 기독교의 주변부가 아니라 우리 영적 생활의 한가운데 자리한다. 나눔은 영성이 실제가 되게 한다. 자신이 힘들게 번 돈을 저절로 주어 버리는 사람은 거의 없다. 나눔은 우리에게 관대히 베풀고자 하는 열망과 능력을 모두 주시는 하나님 은혜의 모범이다. 때때로 이것은 우리 자신을 위해 돈을 쥐고 있는 것과 내어주는 것 사이의 분명한 선택은 아니다. 우리는 투자 결정을 할 때 단지 우리 자신의 수익이 아니라 친구에게 사업 기회나 삶의 장소를 제공하는 등의 부가적인 요소들을 고려하기도 한다.

우리가 나눔 때문에 마음이 번잡해지는 것은 재정적 불안에 대한 두려움이 하나님이 주신 후히 베풀고자 하는 소망을 압도할 때다. 이것은 우리 모두를 향한 솔직한 도전이다. 우리는 믿음으로 사는가, 두려움으로 사는가? 나눔은 단지 재정적인 처분이 아니다. 이는 본질적으로 현대적 세계관의 핵심에 반하는 경제적 질서를 지지하는 행동이다. 양극단 사이에는 최선을 향한 힘겨운 노력이 있다. 우리는 분명 지혜로워야 하며 고집을 부려서는 안 된다. 우리가 모든 필요를 만족시킬 수는 없으니 말이다. 그러므로 우리는 기지(既知)의 의무와 자연스런 나눔의 소망 사이에 분별 있게 판단해서 균형을 잡아야 한다.

시편 기자가 "모든 신보다"(시 96:4) 하나님께 영광을 돌릴 것이라 말할 때, 그는 당연한 사실을 말하는 것이 아니라 참되신 하나님과 돈, 안전, 성취 같은 가짜 신들 사이에서 우리 삶의 주도권을 쥐기 위한 경쟁적인 분투가 존재함을 명확히 한다. 우리 역시 쉽지도 않고 편치도 않은 선택을 하는 것이다.

정기적으로 후히 나누는 것은 우리 주의를 하나님으로부터 돌려 그분을 신뢰하고 우리의 모든 자원을 그분이 통제하시도록 내어 맡기게 만드는 영적인 힘을 분명히 드러내는 한 가지 방법이다. 이는 믿음의 모험이기 때문에 공격당하기 쉽다. 돈은 하나님의 축복에 대한 장애물이 되거나 통로가 된다. 나눔은 우리가 지닌 위대한 특권의 하나로 하나님의 사랑에 반응하는 실제적인 방법이다. 우리의 나눔이 올바를 때 하나님은 이런 놀라운 약속을 하신다: "나를 시험하여 내가 하늘 문을 열고 너희가 꿈꾼 이상으로 복을 쌓을 곳이 없도록 붓지 않나 보라"(말 3:10, 「메시지」 성경).

## 1. 축전

나눔은 하나님을 예배하고 그분의 선하심을 찬양하며 우리의 소유를 즐기는 한 가지 형태이다. 우리는 하나님께로부터 복을 받았다. 다른 사람들에게 후히 나누어 주는 것보다 이에 반응하는 좋은 방법은 없다. 다른 이에게 후히 베풂으로써 하나님께 감사할 때, 몇 배로 더 감사를 드릴 수 있는 것 같다. 바울은 고린도의 그리스도인들에게 후히 나누라고 권면하는 편지를 쓰면서 이렇게 말한다: "이 직무로 증거를 삼아 … (사람들이) 하나님께 영광을 돌리고"(고후 9:13). 하나님은 즐겨 내는 자를 사랑하신다(고후 9:7). 그분은 우리가 나눌 때 얼굴에 피어오르는 미소를 보고 싶어 하신다. 내가 예배드리는 교회에서는 우리의 비전을 재 진술하고 성도들에게 헌신을 촉구하는 은사의 날이 있다. 이런 나눔 방식을 처음 시작했던 홀리 트리니티 브롬프톤의 전 담임목사 샌디 밀러는 우리를 '즐거운 나눔'에만 몰입하도록 촉구하면서 이렇게 말한다: "만일 웃으면서 줄 수 없다면 아예 아무것도 주지 마시오!" 그래서 우리는 사람들이 예배당 앞으로 와 약정서를 바구니에 넣을 때 음악을 연주하고 노래를 부르면서 축제 분위기를 냄으로써 나눔의 즐거움을 강조하기 위해 노력한다. 이것은 하나님께서 우리의 나눔이 우울하지 않고 축제가 되길 원하신다는 믿음에 바탕을 둔 의도적인 예전이다. 이런 넘치는 즐거움은 영적인 의미를 지니며 나눔이란 항시 은밀하고 힘들다는 우리의 억측에 이의를 제기한다.

## 2. 자유

후히 베푸는 일은 우리를 해방시킨다. 우리가 나누어 줄 때마다 우리는 돈의 이면에 자리 잡은 세력에 도전장을 내밀며 사실상 "너는 결코 나를 속박할 수 없어"라고 말하는 셈이다. 재물은 하나님으로부터 독립할 수 있다는 착각을 불어넣는다. 우리가 풍족할수록 드는 유혹은 우리의 안전을 소유에 두고 점점 하나님께 의지하지 않게 되는 것이다. 그렇게 해서 우리는 성령을 소멸시키기 시작한다. 내가 알기로 성령의 능력에 복종하는 것은 잠재적인 돈의 통제력을 깨뜨리고 이를 바른 위치에 두는 최선의 방법이다. 우리가 아낌없이 내어 줄 수 없는 것은 무엇이든 우리를 속박한다. 나눔은 유물론에 대항하는 방어책이다.

## 3. 투자

우리 아버지는 농부셨다. 아버지가 오렌지 나무를 심는 것을 지켜보면서 나는 이렇게 말씀드리곤 했다: "열매를 얻으려면 시간이 너무 오래 걸릴 거예요." 하지만 아버지는 추수할 앞날을 내다보셨다. 아버지는 수확량을 증가시키기 위해 나무 두 그루를 가까이에 심는 방법을 개발하기까지 하셨다. 나눔은 이렇게 나무를 심는 것이며 수확은 우리의 의의 열매다(고후 9:10). 나눔은 모든 신자들의 목표인 그리스도를 더욱 닮아 가는 과정의 중요한 부분이다. 한 지혜로운 목회자가 한번은 내게 이런 천진한 질문을 던졌다: "당신은 지금 얼마나 그리스도를 닮아 가고 있습니까? 얼마나 남들에게 베푸나요?" 그리스도를 닮는 것은 나눔과 불가분의 관계다. 오늘날 우리가 넉넉한 마음으로 나눌 때 우리는 당장의 필요를 해결하기 위해서만이 아니라 다가올 세대를 위한 투자로 그렇게 한다.

고린도후서의 나눔에 대한 바울의 가르침에서 그는 이렇게 말한다: "이것이 곧 적게 심는 자는 적게 거두고 많이 심는 자는 많이 거둔다 하는 말이로다"(고후 9:6). 이는 예수님께서 하신 말씀을 반향한다: "주라 그리하면 너희에게 줄 것이니 … 너희의 헤아리는 그 헤아림으로 너희도 헤아림을 도로 받을 것이니라"(눅 6:38). 돈에 돈이 아니라 복에 복을 더하신다. 하나님이 우리에게 꼭 재물의 성공을 약속하시지는 않지만 그분은 우리의 필요를 공급하겠다고 약속하시고 하나님과의 관계가 영원까지 이어질 것이라고 우리에게 보증하신다.

우리가 베풀 때 우리는 하나님과 우리의 관계뿐 아니라 하나님의 광대하신 왕국에도 투자하는 것이다.

우리 교회에서 자금 조달에 관한 긴급회의를 소집했다. 선교 활동을 지나치게 확장한 까닭에 예산 삭감을 하거나 상당한 양의 자금을 확보해야 할 필요가 생긴 모양이었다. 토의가 진행되면서 내게 점점 떠오른 생각은 우리가 막 상당히 흥미로운 결과를 보게 되는 대단한 특권을 누리는 위치에 있다는 것이었다. 다른 세대라면 이런 경우에 뭐든 다 내놓았을 것이다. 나는 나눔이 단지 우리 은행 계좌의 잔고를 낭비하는 것이 아니라 하나님 나라에 대한 투자임을 깨달았다. 회의 후에 우리가 필요했던 모든 자금이 다양한 공급원을 통해 들어온 것을 보는 것은 정말 놀라웠다.

(톰 존슨, 도시 분석가)

바울은 빌립보인의 나눔이 그들의 말에 신뢰를 주었음을 분명히 한다(빌 4:17~18). 우리는 하나님만이 회계감사하시는 개인 투자 계정이 있다. 하지만 우리의 나눔은 구좌에서 지출 항목이 아니라 수입 항목임을 잊어서는 안 된다. 사실 우리가 나눠 줄 때는 돈이 은행계좌에서 빠져나가지만, 그 즉시 그 수입은 하나님 나라의 투자 자산으로 기입된다. 어느 날 그 회계감사 보고서를 읽게 될 것이다. 서투른 학교 보고서처럼 두려워할 것인가, 아니면 주인의 "잘하였도다"라는 말을 간절히 기다릴 것인가?

### 누구를, 어떻게, 언제, 무엇을? – 나눔의 실용성

나눔은 우리 삶 속에서 하나님이 은혜로 하시는 일이다. 그래서 우리는 나누기를 원하는 우리를 하나님께서 도와주시기를 간구한다. 그러고 나서 우리는 그냥 시작한다. 나누는 삶의 훌륭한 모범을 확립하는 데 얼마나 많이 걸렸는지 후회된다. 지금도 이 부분은 완벽하지 않다. 어떤 이유도 선하지는 않지만, 늘 일을 미룰 만한 이유는 있게 마련이다. 작은 데서 시작하라. 당신의 마음에 강하게 느껴지는 사람들과 명분, 목적에 돈을 투자하는 것으로 시작하라. 하지만 그냥 시작하라! 나누는 것은 한번 확립되면 크나큰 이익을 가져오는 습관이다.

### 누구를?

우리가 기부하게 될 개인이나 조직에 대해 신중히 생각하고 기도하는 것은 중요하다. 한때 아내와 나는 어느 정도를 기부하는 것이 좋은지 결정한 적이 있으며, 우리는 지원금을 상당히 엄격한 방식으로 나눈다. 가장 큰 몫은 우리 교회에 간다. 우리는 교회 리더들이 돈을 지혜롭게 사용하리라 믿으며, 성도로서 (난방과 조명, 관리 같은) 반복되는 운영 비용을 지불하는 것을 돕고 교회의 비전에 헌신하는 데 책임을 느낀다. 다음 몫은 개인적으로 우리의 마음을 끄는 다른 지역이나 세계적인 기독교 단체로 간다. 특히 우리는 일반적인 자선 기부를 하기 전에 복음 전도를 지원하고 싶어 하는 데, 그런 일반적인 동기는 훨씬 큰 잠재적 기증자 층을 보유하기 때문이다. 어떤 면에서 우리는 우리의 나눔을 다른 투자와 동일하게 다루며 우리의 '투자보고서'(사역의 자기반성으로도 알려진)를 중요시한다. 우리가 달라진 삶 속에서 우리의 재정과 기도 위에 맺힌 열매를 깨달을 때 매우 힘이 난다. 바울은 빌립보 교인들에게 쓰는 편지에서 그들이 자신의 재정적 부담을 나눠 진 것에 감사했다(빌 4:15). 나눔은 수혜자들과의 관계에 유대감을 형성하고 우리에게 그들의 삶에 계속해서 관련될 기회를 준다.

우리의 나눔은 대개 계획되는 것이지만, 길에서 누가 우리에게 돈을 달라고 하면 나는 대개는 나 자신에 대한 사역 차원에서 돈을 내어 준다. 어떤 사람들은 그들이 마약주사나 더 맞으러 갈 거라고 이의를 제기한다. 아마, 그렇진 않을 것이다. 하지만 이것은 돈을 내어놓는 것이 얼마나 어려운 일이며 하나님이 얼마나 관대하신 분인지 계속 기억하게 만드는 역할을 한다. 양은 아무리 작다 해도 이는 지속적으로 넉넉히 베푸는 습관을 형성한다.

### 어떻게?

바리새인들은 다른 사람들이 그들의 자선을 봐 주길 원했고 그들의 겉치레로 비난받았다. 어떤 자선은 익명으로 해야 한다. 오른손이 하는 일을 왼손이 모르게 말이다(마 6:3). 다른 경우에는 증여금의 출처를 확실히 하는 것이 옳다. 이것은 채무자의 관계로 들어가려는 것이 아니다. 오히려 이는 그리스도의 몸이 서로의 필요를 채우기 위해 일하는 모습을 보여 준다. 그리스도인들의 필요가 알려지고 다른 그리스도인들에 의해 채워질 때 그리스도께서 영광을 받으신다.

> 5년 전에 우리는 갑자기 우리 딸의 학교 등록금을 지불할 수 없다는 걸 알았다. 우리가 공포에 떨기도 전에 교회에서 약간 알고 있던 한 부부가 1년 치 등록금을 위한 수표를 보냈고, 덕분에 우리가 재정적으로 정상 상태로 돌아갈 충분한 시간이 생겼다. 최근 우리는 아이들 학교에 있는 다른 부부가 비슷한 상황에 처해 있음을 발견했다. 우리는 그들을 위해 한 학기 등록금을 내 주었을 뿐이지만, 이렇게 기뻤던 적은 없었다!
>
> (리사 그레이, 제작 보조)

나눌 수 있는 길은 많이 있다.

> 병원에서 간호사로 근무하는 나는 내 작업 교대에 때때로 주말 근무가 포함된다는 사실을 받아들인다. 하지만 어디에서든 가능하면 교회 중고등부를 도울 수 있게 주일은 쉬게 해 달라고 요청한다. 나는 이것이 우선순위라고 결정했으며 이는 늘어나는 주일 수당을 희생할 가치가 있는

것이었다.

(비즈 해리스, 간호사)

또 우리는 가진 기술, 시간과 에너지를 주고 우리의 소유를 나눌 수 있다. 만일 우리 집에 하룻밤 묵을 여분의 방이 있다면, 이를 제공할 수 있다. 우리에게 정원이 있다면, 다른 사람과 함께 즐길 수 있다. 우리에게 차가 있다면, 다른 누군가가 사용하도록 맡길 수 있다. 늘 우리가 함께 나누며 폐습을 피하고 우리 가족을 보호하기 위해서는 지혜로울 필요가 있다.

### 언제?

정기적인 나눔에는 분명히 축복이 따른다: "매주일 첫날에 너희 각 사람이 이를 얻은대로 저축하여 두어서 내가 갈 때에 연보를 하지 않게 하라"(고전 16:2). 언제 수입이 들어오든지, 우리는 버는 돈에 비례해서 얼마간을 따로 떼어 둔다. 이것은 나중이 아니라 가장 먼저 떼어 놓아야 하는 돈이다. 융자나 신용카드 같은 많은 다른 지불금과 마찬가지로 정기적인 기부가 가장 좋다. 충동적인 기부도 좋지만, 그것으로는 충분치 않다. 자발적인 기부의 여지는 남겨둔 채 우리 자선의 부피를 계획할 필요가 있다.

## 무엇을?

신약성경에서는 우리가 얼마나 기부해야 하는지 정확한 양을 말해 주지는 않는다. 단순히 보면 이것은 이상하다. 예수님과 바울은 둘 다 십일조의 메시지를 수없이 강조했다. 물론 바울은 재정적인 기부에 대한 가르침 속에 이것을 표현했지만 아마 '자유로운 영혼의 사도'는 침묵으로 더욱 폭넓고 많은 요점을 표현했을 것이다. 관대함은 수량으로 나타낼 수 있는 것이 아니다. 대신 대부분의 가르침은 우리의 태도에 초점이 맞춰진다. 우리가 사랑하는 마음이 있으면서도 이를 행동으로 보여 주지 않는다는 것은 예수님께는 생각도 못할 일이었다: "너희가 박하와 회향과 근채의 십일조를 드리되 율법의 더 중한바 의와 인과 신은 버렸도다 그러나 이것도 행하고 저것도 버리지 말아야 할찌니라"(마 23:23). 여기에는 십일조가 당연시된다는 암시가 들어 있다. 하지만 마찬가지로 이것은 십일조가 아니라 태도와 투명성에 대한 구절이다.

나는 종종 십일조에 대한 질문을 받는다. 이 질문의 이면에는 부분적으로 성경적인 견해를 원하는 열망이 있지만 또한 확실성에 대한 갈망도 있다. 나는 십일조에 대한 규범이 구약과 신약 시대의 비복지적 국가 경제에 걸맞는 것이라 해도, 오늘날에도 헌금에 대한 훌륭한 실제적 안내서가 된다고 믿는다. 물론 봉급이 인상되면 우리의 헌금을 늘리고, 늘 후히 내며 억지로 하지 않을 것을 목표로 삼아야 한다.

아무래도 나누다 보면 우리 삶의 수준이 떨어지게 된다. 후히 내어 주는 사람은 누구나 다른 물질은 덜 소유하지만 그들의 삶이 대단히 풍부해짐을 발견하게 될 것이다.

때때로 사람들은 재정적인 곤란에 빠져 빚을 지게 된다. 여기서 빚이란 보통 사람들의 평범한 삶의 일부이기도 한 장기 융자금 상환을 말하는 것이 아니다. 우리가 재정적인 위기에 처하면 어떻게 나누겠는가? 최대한 빨리 빚에서 빠져나오는 것이 하나님을 영화롭게 하는 최선의 길이라 나는 믿는다. 우선은 문제를 인정하고, 또 이를 해결할 확실한 계획을 구축하기 위해서 나는 신뢰할 만한 사람에게 이야기하라고 조언한다. 단기적으로 정말 필수적인 것 외에는 모두 중단되어야 한다. 나는 상당히 강력한 생활수준 긴축 프로그램의 일부로 기부를 멈추어야 할 경우가 아닌 이상, 그리고 언제 다시 시작하겠다는 계획을 세울지 알지 않고서는 결코 나누는 것을 멈추지 않을 것이다. 우리가 재정적으로 다시 제자리를 찾고, 기념으로 후하게 돈을 기부할 수 있게 된 사실을 기록하면 도움이 된다.

돈에 대해 얘기하는 건 중요하다고 생각하지만 그것도 맞는 사람을 선택해서 신중하고 민감하게 해야 한다. 내가 건전한 기부 방식을 확립하려고 애쓸 때, 나는 내 상황을 이해한다고 느껴지는 한 친구와 정기적으로 대화를 나눴다. 나는 친구를 신뢰했고 특히 그의 차분하고 한결같은 태도가 마음 든든하다는 걸 발견했다.

그렇다면 우리의 돈에 대한 태도는 어떠해야 하는가? 돈은 우리를 오염시키는 더러운 이득인가, 아니면 선의 힘인가? 돈 자체는 그 어느 쪽도 아니다. 돈의 모습을 좌우하는 것은 이를 사용하는 우리의 태도다. 감사한 마음으로 정기적으로 즐겁게 하는 나눔이 그토록 중요한 이유다. 하나님의 이름을 영화롭게 할 뿐 아니라 예정된 나눔은 우리가 "그리스도 예수 안에서 영광 가운데 그 풍성한대로 너희 모든 쓸 것을 채우시리라"(빌 4:19)는 하나님의 약속을 의지할 수 있게 한다. 최종 결과는 우리의 소유와 돈, 휴일, 도구와 자동차들을 즐기는 자유를 경험하는 것이다. 우리가 다른 사람들의 필요를 먼저 공급한 다음 우리의 필요를 채울 때 우리의 우선순위가 옳기 때문에 우리는 나눔을 통해 하나님의 선하심을 자유롭게 즐길 수 있게 된다.

"오직 우리에게 모든 것을 후히 주사 누리게 하시는" 하나님은 우리가 "나눠주기를 좋아하는" 사람이 되라고 말씀하신다(딤전 6:17~18). 그러므로 우리 삶의 방식과 넉넉한 나눔과 공급자이신 하나님께 드리는 감사에 비하면 우리가 물질적 은혜를 즐길 이유는 충분하다. 이런 태도는 우리가 지닌 소유를 확실히 즐길 수 있게 한다. 우리가 균형을 잘 유지하고 있다는 징후는 우리가 가진 것과 나눠 주는 것을 둘 다 즐긴다는 것이다.

예나 지금이나 잠언에는 돈과 소유라는 주제로 실제적인 지혜가 가장 많이 들어 있다. 잠언 23장 4절은 우리 모두에게 어떤 것

을 생각나게 한다: "부자 되기에 애쓰지 말고 네 사사로운 지혜를 버릴찌어다 네가 어찌 허무한 것에 주목하겠느냐 정녕히 재물은 날개를 내어 하늘에 나는 독수리처럼 날아가리라."

결론으로 존 웨슬리의 훌륭한 설교 '돈의 사용'의 한 부분을 보는 것이 좋겠다.

> 영적으로나 육적으로 여러분이나 이웃의 마음을 아프게 하지 말고 여러분이 할 수 있는 만큼 다 버십시오. 끊임없이 부지런히 하나님이 여러분에게 주신 모든 이해력을 사용해서 말입니다. 어리석은 욕망에 탐닉하고, 육신의 정욕이나 안목의 정욕, 이생의 자랑을 만족시키기만 할 모든 비용을 줄여 최대한 저축하십시오.
>
> 살든지 죽든지, 여러분 자신을 위해서나 자녀들을 위해서나 죄나 실수로 낭비하는 일이 아무것도 있어선 안 됩니다. 여러분이 줄 수 있는 것을 모두, 즉 여러분이 소유한 것을 모두 하나님께 드리십시오. 이런저런 비율로 줄이려 들지 마십시오. 십일조, 삼일조, 이일조가 아니라 많든 작든 하나님의 것을 모두 그분께 드리세요. 모든 것을 여러분과 여러분의 가족, 믿음의 가족과 모든 인류를 위해 사용함으로써 여러분이 더 이상 청지기가 되지 못할 때, 여러분의 청지기직을 잘 설명해 줄지도 모릅니다.

# 영적 회복
## Spiritual Renewal

# Spiritual Renewal

비센테 폭스는 멕시코 대통령 재직 중에 세계 경제 포럼의 사업과 정치적 리더의 모임에서 이런 연설을 했다.

현대의 삶 속에 세계적으로 확산되는 영적 불안과 혼란만큼 잘 알려져 있으면서도 이해가 부족한 측면은 없을 것입니다. 가난하고 절망에 빠진 사람들뿐 아니라 안전하고 부유한 사람들 사이에서도 이런 불안은 존재합니다. 지금 우리는 세계 곳곳에서 어리석은 물질주의에 대한 거부와 영적인 부흥에 대한 향방 없이 강렬한 갈망을 목격할 수 있습니다.

나는 삶의 목적과 의미를 발견하는 것이 우리 시대의 가장 큰 도전이라 믿는다. 기후 변화, 극한 가난에서의 탈출, 세계화 같은 다른 주요 난제들만큼이나 서로 지속적인 평화와 경제 활동, 강한 사회를 자유로이 정착시키는 데 이런 탐색은 필수적이다.

폭스는 부흥의 열망을 '강렬한' 것으로 묘사했다. 난 그가 옳다고 믿는다. 삶의 가치와 의미 있는 길을 찾아 나서는 새로운 강렬함이다. 이런 영적 굶주림의 격동은 특히 젊은 사람들 사이에서 점점 커져 가고, 대체로 제도 교회에서는 필요한 양식을 공급할 수 없음을 발견했다. 그토록 많은 사람들의 탐색이 '안내도 방향도 없이' 계속된다. 교회 내에서도 '공식적인 인도'는 자기 자신과 관련된 여성의 역할, 성적 관심과 다른 국부적인 문제, 대부분의 사람들에게는 관련 없어 보이는 토론 등 마음 산란한 내적 문제에 할애된다. 그래서 많은 이들은 이렇게 방향 없는 탐색을 하다가 단지 동시대 유행의 막다른 골목에 도달하고 만다. 2005년 말 영국 여왕은 영국 교회의 총종교회의에서 연설을 하며 지식사회에서 의미를 찾으려는 갈증을 우리에게 일깨웠다.

> 수많은 정보들이 홍수처럼 밀려들고, 대부분 일회적이지만 필요할 때마다 무제한의 정보를 즉각 얻을 수 있는 반면, 지속적이고 뭔가 의미 있는 것에 대한 끊임없이 새로운 갈망이 존재합니다. 기독교회가 이런 필요에 유일한 대답을 할 수 있는 것은, 믿음의 중심에 자리한 인종이나 배경, 환경에 관계없이 모든 사람들이 예수 그리스도의 복음 안에 영원한 의미와 목적을 발견할 수 있다는 확신

이 있기 때문입니다.

나는 기독교뿐 아니라 전 세계적인 신앙의 재 부흥 시기에 기독교적 관점에서 이 책을 썼다. 그러므로 그들이 세계적인 현상에 긍정적인 반응을 보이려면, 모든 중역회의실과 일터, 공동체는 다른 신앙들에 대한 존중과 교파 간 의사소통이라는 도전과 맞붙어 싸워야 할 것이다. 믿음은 망상과도 다르며, 현대의 일터와는 관계없는 것으로 치부되어 잊힐 수도 있지만, 견식 있는 사업체들이 일터에서 다양성의 중요성을 바르게 강조함에 따라 점점 활성화되는 가치가 될 것이다.

사실 하나님은 세상을 일터로 삼고 일하신다. 그분은 세상의 미래를 좌우하고 형성해 가신다. '우리 아버지'라는 말은 그분의 뜻이 하늘에서 이루어지듯 땅에서도 이루어지게 해 달라는 구절을 상기시킨다. 분명 의도적인 것이라 믿는데, '땅'이 먼저 나온다는 것은(영어 성경에는 한글 성경과 어순이 달라서 하늘보다 땅이 앞서 나온다-역주) 우리의 우선순위가 이 세상에 뿌리박고 있음을 떠올리게 한다. 그분은 '영성'이 하나님과 함께 시작됨을 보여 주기 위해 우리를 선택하셨고, 분열된 사회에 치유와 회복을 가져다주는 분명한 사명을 갖고 계신다. 그분은 이를 위해 우리의 모든 활동을 결합하신다. 긍휼 많으신 주님이 곧 상업의 주님이시며, 기도의 주님이 이익의 주님이 되시고, 선교의 주님이 또 자금 시장의 주님이심을 알게 되면서 나는 연신 충격을 받았다. 그분은 모든 피조물과 우리의 모든 노력을 주관하신다. 그분과의 관계에서 영적으로 회복되는 것은 완성된 삶을 향한 관문이지만, 이는 지혜가 하나님과 함께 시작된다는 사실을 아는 것에서 비롯된다. 지혜는 세계를 향한 그분의 유일무이한 영성이다.

우리 안에서 일하시는 하나님을 어떻게 알아보는가? 초기 교회 지도자인 이레니우스는 이렇게 말했다: "하나님의 영광은 충만히 살아 있는 인간이다." 우리는 성령께서 나를 빚으시기를 기꺼이 원하며 하나님을 향해 충만히 살아 있는가?

마이클 케인은 한때 영화배우와 위대한 영화배우에는 어떤 차이가 있느냐는 질문을 받은 적이 있다. 그의 답은 우리에게 많은 것을 시사한다: "보통 영화배우는 '어떻게 내 성격에 맞게 대본이랑 이야기를 바꿀 수 있을까?' 하지만, 위대한 영화배우는 '어떻게 대본에 맞춰 이야기를 제대로 표현하도록 내 성격을 바꿀 수 있을까?'라고 말하죠." 만일 우리가 세상을 위한 하나님의 대본 속에 기록되기를 원한다면, 변할 준비가 되어야 한다. 우리의 계획은 그분의 우선순위에 기꺼이 양보해야 한다. 우리는 완고하거나 제자리에 머물러 있지 않으며, 구획화되지 않은, 우리 삶의 모든 면에서 점점 깊어져 심오한 내적 평화를 가져오는 그런 영성이 필요하다. 그런 연결성이 고요와 평화를 추구하는 다른 시도들과 기독교의 영성을 구별한다. 하나님은 늘 일하시며 우리가 그분께 맡기기만 하면 우리를 바꾸어 가신다. 그분은 우리 안에서 우리를 통해서만 일하신다. 그분은 지배광인 최고 경영자가 아니다. 영화 〈준벅〉에서 아내는 남편을 돌아보며 이렇게 말한다: "하나님은 당신을 있는 그대로 사랑하시지만, 당신을 너무 사랑하셔서 그대로 내버려 두시지 않는 거예요." 이 말은 신학의 현대적 요약으로 정말 탁월하다.

믿음과 영성에 의해 많은 문제들이 제기된다. 하지만 믿음이 자란다는 증거가 있다. 앞날에 좋은 조짐이 보인다. 나는 최근에 큰 회사의 회장과 함께 점심을 했다. 점심 식사 끝에 그는 나를 향해 자신의 인생을 돌이켜보고 있었다고 말했다. 상자가 여럿 있었다. 첫 번째는 일이었는데 아마 그는 틀림없이 성공했다고 느꼈을 것 같다. 두 번째는 그의 가족 관계였다. 그는 이혼했고 그가 첫 번째 결혼에서 낳은 아이들과 그의 새 가족과의 관계를 좋게 유지하는 데 특히 노력을 기울였다. 이 일은 쉽지 않았지만 그는 이것도 통제해야 할 삶의 일부라고 느꼈다. 또 다른 상자에 그는 '우정'이라고 표시했다. 지난 해 그는 친구들, 특히 일터의 끊임없는 필요들로 소홀하기 쉬운 사람들에게 특별히 주의를 기울였다. 그는 이렇게 대학이나 다른 곳에서 생긴 교우관계를 다시 활성화시키려는 노력으로 풍성해지는 것을 느꼈다.

그러고 나서 그는 내게 말했다: "하지만 아직 채워지지 않은 상자가 하나 있습니다. 그걸 뭐라고 불러야 할지 모르겠군요. 하지만 영적인 것과 관련이 있을 거예요. 이것이 내 삶의 다른 부분에 더 충만한 의미를 아는 열쇠를 주게 될지도 모르니 내 삶의 비물질적인 면을 이해할 필요가 있어요. 아무래도 이것이 제 삶의 잃어버린 부분 같습니다."

상호통신은 현대 기술의 위대한 원동력의 하나다. 이는 컴퓨터가 서로 통신하고 데이터가 전송되는 속도로 설명된다. 이와 비슷하게 성령께서는 인간과 창조주 사이의 부드럽고 마찰 없는 연결고리, 즉 연결자가 되신다.

우리는 온라인상에서 접속이 끊어질 때의 암담한 마음과 우리를 연결시켜 주는 광대역의 즐거움을 다 안다. 요한복음의 초기 역본에서 예수님은 우리를 "내 안에 거하라"(요 15:4)고 부르셨다. 현대어로 번역하자면 '연결 상태'가 될 것이다. 하나님께 진정으로 연결되는 것은 일터에서 성공적으로 살아가는 비밀이며 직장에서 우리의 관계를 변화시킨다. 출발점은 우리의 신앙이 아니라 평범한 인간성으로, 정확히는 하나님이 성육신으로 우리와 연결되신 그 시점이다. 만일 우리가 온전하고 희생적으로 우리 동료들을 '지지한다'는 것을 보여 준다면, 아마 그리스도인들은 더 이상 그들이 반대하는 일로 유명해지지는 않을 것이다.

그리스도인인 우리는 더 폭넓은 의미에서 사회에 협조하며 여기에 대항하지 않는다. 우리는 싸우고 지킬 가치가 있는 사회적·도덕적 질서의 일부로 부름 받는다. 핵심 구조는 세분화된 인생관에 근거하는데, 이것은 개인적인 윤리를 찬양하는 것으로, 소유 추구의 만연으로 설명된다. 하지만 다른 사람을 돌아보지 않고 부를 추구하는 것은 결국에는 가난을 경험하는 것이다. 인간성에 대한 더욱 넓은 관심이 일상의 직장 생활에서 배제될 때 우리는 늘 곤궁해지기 마련이다. '빈곤 퇴치' 캠페인이 우리 시대에는 대단히 중요하다. 우리는 극도로 가난한 세상에서는 살아갈 수 없으며 이런 불평등을 교정하기 위해 행동하길 바라지도 못할 것이다.

말라기 2장 2절에는 잊을 수 없는 심판이 나오는데, 하나님은 이스라엘 백성에게 만일 그들이 그분의 길을 무시한다면 "(그들의) 복을 (그분이) 저주하리라" 말씀하신다. 우리는 매일 이 비극적인 심판이 우리에게 가하는 비극적인 결과를 목격한다. 우리는 성공하지만 우리의 가정생활은 바로 우리 눈앞에서 산산이 분해된다. 우리는 앞날에 대한 고질적인 두려움이 있다. 대인범죄가 증가함에 따라 우리는 길에서도 두려움을 느끼며 걷잡을 수 없는 소비주의와 탐욕, 질시의 영향으로 알지 못하는 사이 갈기갈기 찢어진 우리 사회의 무늬를 보게 된다. 어떻게 그 찢어진 실을 다시 짜서 다시 한 번 우리 주위의 일터와 사회에 드러나는 진정한 하나님의 그림을 보여 줄 수 있을까?

이런 질문에 대한 답은 본질 외에는 다 제거한 급진적인 핵심 기독교를 새로이 발견하는 데 있다. 세상에 하나님이 필요하다는 사실을 일깨워 주시는 성령은 (요 16:8) 심판의 매개자일 뿐 아니라 우리의 직장 생활을 하나님의 운동이라 부르는 거대한 사회적 운동과 연계하는 결합자이시며, 우리는 그 나라가 이 땅에 정착되는 것을 간절히 보기 원한다.

　이 운동은 우리가 일하는 공동체를 지지하고, 한결같은 사회를 위한 첫 벽돌이 되며, 가정생활에서 오는 안정성을 고려하고, 기업의 공공활동을 사회 번영의 필수요소로 받아들이며, 그럼에도 소외된 사람들, 가난하고 불우한 사람들의 목소리에 귀 기울이며 진지하게 지구촌의 극한 가난을 뿌리 뽑기 위해 전력을 기울이는 것이다. 이는 혼란한 경제에 근거한 것이 아니라 신약성경의 진정한 자유를 가장 밀접하게 반영하는, 생산적이고 인정 많은 참된 사회 질서의 요소를 가지고 있는 운동이다.

　이는 사회의 '격차'를 해소할 수 있는 운동이다. 예를 들어, 영국에서는 약 70퍼센트의 국민들이 하나님을 믿지만, 그들 중에 적극적인 제자가 되는 혜택을 기뻐하는 사람은 거의 없다. 우리가 진정한 그리스도인의 삶을 살아가는 매력적인 모범을 제시하지 못하면서 어떻게 이 격차를 좁힐 수 있단 말인가? 그리스도인들 사이에 그토록 해로운 수동성을 창출하는 신성한 것과 속된 것의 구별을 어떻게 뿌리 뽑을 수 있는가? 극도로 가난하고 부유한 국가들의 격차, 자국 산업 보호와 세계 자유 무역 간의 격차, 하나님께 소망을 둔 사람들과 소망 없이 살아가는 사람들의 차이를 어떻게 좁힐 수 있을까?

이런 간격을 메우는 것은 성삼위일체의 명령이다. 하나님은 그분을 반대하는 사람들을 끌어안으시는데, 이는 첫 창조에 반영된 하나님의 생명력과 그분에게서 등 돌린 사람들이 살아가는 비참한 삶 사이에 발생하는 차이를 해소하고자 하셨기 때문이다. 하나님은 그분이 교회에 관심을 가지시기 전에 공동체에 대단히 관심이 있으셨다.

이 과업이 너무나 거대하므로 우리의 일터가 변화되고 사회가 생명력으로 맥박 치며 우리 사회가 치유되는 것을 목격하고자 한다면, 새로운 오순절, 즉 새로움과 창조성, 모험을 불러오는 성령 충만 이외에 어떤 것도 필요하지 않다. 여기에 참된 가능성이 있다. 우리 자신의 힘으로는 많은 것을 이루지 못하고 의기소침해지겠지만 성령께서 함께하시면 어마어마한 능력이 발휘된다.

나는 21세기의 초두에 하나님의 증인으로 살아갈 특권을 주신데 대해 그분께 감사한다. 나는 역사의 다른 어떤 시점에도, 설사 예수님 시대의 유대에서도 살고 싶지 않다. 복음을 전파할 기회가 지금보다 크지는 않을 테니 말이다. 여행과 통신의 실제적인 경제비용이 해가 갈수록 줄어든다. 지리적으로나 통신 부족으로 메시지가 제한될 필요도 없다. 현대 기술은 이전 어느 때보다 더 효과적으로 복음을 전파할 수 있게 한다. 우리의 도전 목표는 우리가 현대 기술의 이점을 활용해서 일터를 믿음에 기반을 둔 가치의 근원으로 돌이키는 일관된 전략을 실행하도록 보장하는 것이다. 세계적인 기업 최고 경영자들을 가까이에서 관찰해 보면 그들이 비전이 없어서가 아니라 결과를 이끌어 내지 못했기 때문임을 알게 된다. 일을 끝내는 것은 현대 사업에서 중요한 성공의 요건 중 하나다. 이는 교회의 경우에도 맞는 얘기인데, 평범한 그리스도인들은 직장과 국가를 변화시키는 일을 진척해 나갈 필요가 있다. 이는 세상을 향한 우리의 사명이다. 인생 전체의 믿음을 회복하는 과업은 목사나 교회 지도자들에게만 위임된 것이 아니다. 교회에서 위기의 순간이 닥칠 때, 일터와 기독교를 다시 연결하는 데는 평신도의 참신한 주도가 필요하다. 우리의 일터에 목적과 가치를 회복시킬 때, 여기에는 막대한 영적, 경제적 유익이 존재한다. 우리는 비영리 조직에서는 쉽게 일할 수 있지만, 비목적적 조직에서는 일할 수 없다. 우리가 하는 일의 목적에 확신이 없다면, 결코 일을 잘하고 즐거워할 수 없으니까.

교황 요한 바오로 2세가 죽기 전에 쓴 마지막 책은 요한복음 14장 31절에 나오는 예수님의 부르심에 대한 묵상이다: "일어나라 여기를 떠나자"(「메시지」 성경). 우리는 모두 여행자들이이며, 지도에 있는 모든 지점을 알아낼 수는 없을 것이다. 우리에게 길을 알려 주시는 성령님을 우리는 전적으로 의지한다. "담대하라 내가 세상을 이기었노라"(요 16:33) 하신 예수님의 약속 때문에 우리에겐 세상의 어떤 두려움도 없다. 이 과업은 막중하지만 충만한 삶의 약속과 하나님이 세상을 시작하신 가치의 회복이라는 막대한 상이 있다. 우리가 그분의 은혜로 지원받는다는 것을 깨닫지 못한다면 어떤 발전도 이루지 못할 것이다. 우리 사회가 진정으로 변화되고 우리나라가 하나님께로 돌아서는 것을 보고자 한다면, 그것이 실현되는 것은 직장인들이 이 비전으로 일어설 때뿐이다. 우리는 수백만의 사람들과 매일 접촉하는 보이지 않는 연결자들의 군대다. 우리가 일터에 있는 사람들과 다시 연합할 때, 우리는 폭발적인 믿음을 보게 될 것이다. 연약하지만 성령의 능력으로 덧입고, 연약하나 하나님께서 강건케 하시며, 근심하나 평안으로 충만한, 그리스도의 참된 삶을 일터에서 살아가는 전도 효과는 다시 한 번 충만히 흘러넘치시는 성령의 역사 가운데 우리 시대의 가장 위대한 복음 전도 운동이 될 것이다.